対馬10
五島1
長崎県
平戸6
平戸新田1
唐津6
佐賀県
小城7
佐賀36
蓮池5
福岡県
福岡47
大村3
鹿島2
島原7
三池1
柳河12
久留米21
小倉新田1
小倉15
秋月5
清末1
長府5
長州37
山口県
中津10
日出2
杵築3
大分県
森1
府内2
臼杵5
岡7
佐伯2
熊本新田4
熊本54
熊本県
宇土3
人吉2
延岡7
宮崎県
高鍋3
佐土原3
薩摩77
鹿児島県
飫肥5
津和野4
浜田6
島根県
松江19
広瀬3
母里1
徳山4
岩国6
広島43
広島新田3
広島県
吉田3
宇和島10
大洲6
新谷1
松山15
今治4
小松1
西条3
愛媛県
高知県
土佐24
土佐新田1
福山11
多度津1
丸亀5
香川県
高松12
徳島県
徳島26
鳥取県
新見2
鴨方3
松山5
浅尾1
岡山新田2
岡田1
足守3
庭瀬2
岡山県
勝山2
岡山32
鹿野3
若桜2
鳥取33
津山10
三日月2
赤穂2
山崎1
龍野5
三草1
兵庫県
豊岡2
柏原2
出石3
篠山6
安志1
林田1
姫路15
小野1
明石8
三田4
岸和田5
伯太1
狭山1
大阪府
紀州56
田辺4
和歌山県
京都府
宮津7
福知山3
尼崎4
丹南1
高取3
新宮4

シリーズ藩物語

塩川友衛……著

小諸藩

現代書館

プロローグ

小諸藩物語

野面積《のづらづ》みの石垣や苔・しだ類、楓や欅など一木一石が、いにしえの栄華のあとを偲ばせる小諸城址、懐古園である。

甲斐源氏信濃守護の小笠原長清《ながきよ》の後裔大井光忠《みつただ》は、長享《ちょうきょう》元年(一四八七)鍋蓋《なべぶた》城を築城し、その子光安《みつやす》は乙女《おとめ》城を築く。二城は相互補完して重要交通路を押さえたが、天文(一五三二〜五五)末期に「風林火山」の武田氏に降る。小諸城は、武田氏の臣山本勘助などの縄張《なわばり》によって、千曲川の断崖上に凹状の田切り地形を巧みに利用して改築された要害堅固な平山城である。城郭が城下より低い所にある、珍しい穴城《あなじろ》の構造をもつ小諸城でもある。

幕藩体制を迎えて、五万石で豊臣氏の臣仙石《せんごく》氏が入封する。慶長期(一五九六〜一六一五)に小諸城の大改修と整備、城下町づくり、街道の整備、伝馬制などが行われ、過酷な課役は「苛政虎より激し」

藩という公国

江戸時代、日本には千に近い独立公国があった

江戸時代。徳川将軍家の下に、全国に三百諸侯《しょこう》★の大名家があった。ほかに寺領や社領、知行所《ちぎょうしょ》★をもつ旗本領《はたもとりょう》などを加えると数え切れないほどの独立公国があった。そのうち諸侯を何々《なになに》家《け》家中《かちゅう》と称していた。家中は主君を中心に家臣が忠誠を誓い、強い連帯感で結びついていた。家臣の下には足軽《あしがる》層《そう》★がおり、全体の軍事力の維持と領民の統制をしていたのである。その家中を藩と後世の史家は呼んだ。

江戸時代に何々藩と公称することはまれで、明治以降の使用が多い。それは近代からみた江戸時代の大名の領域や支配機構を総称する歴史用語として使われた。その独立公国たる藩にはそれぞれ個性的な藩風《はんぷう》と自立した政治・経済・文化があった。幕藩体制とは歴史学者伊東多三郎《いとうたさぶろう》氏★の視点だが、まさに将軍家の諸侯の統制と各藩の地方分権が巧く組み合わされていた、連邦でもない奇妙な封建的国家体制であった。

今日に生き続ける藩意識

明治維新から百三十年以上経っているのに、今

として佐久一郡の逃散を招く。

　その後、甲府城主徳川忠長《ただなが》が六万石で入封する。松平・青山・酒井と藩主が交代し、過酷な重税で酒井氏の治世に芦田騒動が発生する。その後も西尾・石川と藩主が交代するが、江戸前期はいずれも譜代大名の治世が続く。

　将軍徳川綱吉の生母桂昌院《けいしょういん》の甥本庄康重《やすしげ》が、長岡藩分家の与板藩牧野家の養子となり、元禄(一六八八～一七〇四)末期に領知一・五万石で小諸藩に入封し、以後版籍奉還まで十代が世襲する。

- 寛保二年(一七四二)の「戌《いぬ》の満水」、天明三年(一七八三)の「浅間《あさま》焼《やけ》」・「天明飢饉(騒動)」など未曾有の大災害で、藩財政は大打撃をうける。
- 幕末の英主九代康哉《やすとし》(常陸国笠間藩の牧野氏からの養子)は、殖産興業、種痘《しゅとう》の普及、育児法・養老法など領民の安定に意を用い、その治世には見るべきものがあり藩政の充実に光を放つ。
- 世継ぎの紛議(長岡藩奉行河井継之助《つぐのすけ》が解決)、戊辰《ぼしん》戦争で長岡藩脱走者を隠匿したことから、官軍に従属か、佐幕かの二者択一の窮地に迫られる。小諸騒動・川西騒動・西牧騒動など多難な藩政が続く中、明治四年(一八七一)小諸藩は廃されて小諸県となる。

でも日本人に藩意識があるのはなぜだろうか。明治四年(一八七一)七月、明治新政府は廃藩置県《はいはんちけん》を★断行した。県を置いて、支配機構を変革し、今までの藩意識を改めようとしたのである。ところが、今でも、「あの人は薩摩藩の出身だ」とか、「我らは会津藩の出身だ」と言う。それは侍出身だけでなく、藩領出身も指しており、藩意識が県民意識をうわまわっているところさえある。むしろ、今でも藩対抗の意識が地方の歴史文化を動かしている。そう考えると、江戸時代に育まれた藩民意識が現代人にどのような影響を与え続けているのかを考える必要があるだろう。それは地方に住む人々の運命共同体としての藩の理性が今でも生きている証拠ではないかと思う。

　藩の理性は、藩風とか、藩是《はんぜ》とか、ひいては藩主の家風ともいうべき家訓などで表されていた。

(稲川明雄)

諸侯▼江戸時代の大名。
知行所▼江戸時代の旗本が知行として与えられた土地。
足軽層▼足軽・中間・小者など。
伊東多三郎▼近世藩政史研究家。東京大学史料編纂所所長。
廃藩置県▼藩体制を解体する明治政府の政治改革。廃藩により全国は三府三〇二県となった。同年末には統廃合により三府七二県となった。

シリーズ藩物語

小諸藩

目次

第五章　小諸人が小諸藩から継承した不易な生き方

小諸藩の梅花の精神と誠実な生き方を指標とした小諸人。

付録　小諸の唄と人々

これも小諸

小諸の風景

第一章 中世の小諸藩

武田氏の家臣山本勘助の縄張で穴城が築城された。

①小室氏の台頭と小諸城の発祥

『源平盛衰記』『平家物語』『吾妻鏡』など諸書にみえる小室氏三代が館に住み、源頼朝に従ったのが鎌倉時代。下って、戦国期に小笠原長清の裔、大井光忠が小諸本町の末端に鍋蓋城を築城し、小諸城の発祥の城となる。小諸城は、群雄割拠の乱世に戦国諸将の争奪地になった。

大井氏の築城

信濃国の東部に位置する活火山浅間山と、清き長流千曲川に懐かれるのが、小諸の地である。

風光明媚なこの地の東・南・西の傾斜地に、先人が居を構えたのは縄文時代である。

下って、『源平盛衰記《げんぺいせいすいき》』や『吾妻鏡《あずまかがみ》★』にみえる小室（小諸）太郎光兼《みつかね》が、木曾義仲《よしなか》や源頼朝に従った鎌倉時代に、小室氏は三代続く。

甲斐源氏の小笠原氏の嫡流、大井庄★大井氏の裔、大井光忠《みつただ》が長享元年（一四八七）鍋蓋城を築き、周辺を支配する。

諸方に通じた交通の要衝小諸城の争奪をめぐって、武田・上杉の両雄は激闘を続け、それに加えて、名将織田・豊臣・徳川・北条の諸氏が争奪にかかわったこ

▼『吾妻鏡』
治承四年（一一八〇）から文永三年（一二六六）に至る鎌倉幕府の事蹟を記した史書。編年体で日記体裁であるが、前半は十四世紀初めの編集で、編者は幕府の家臣らしい。鎌倉時代の政治史および武家社会史研究の最重要史料。五二巻（巻四五欠）。

▼大井庄
文治元年（一一八五）、信濃国佐久郡の大井庄は、八条院（鳥羽天皇の第三皇女暲子内親王）の荘園である。信濃守護小笠原長清の七男大井太郎朝光が、大井庄の地頭に任ぜられ、姓を大井と改め岩村田を本拠にして台頭してくる。

とが諸書にみえる。

大井伊賀守光忠は、鍋蓋城築城ののち、更に乙女《おとめ》坂の地勢を相して築城を企て、万代不易ならんと、祝意の心情を表白した七言絶句をつくる。

▼地利自成小室城　信陽幽谷曲川清
翩々白鶴廻楼閣　万歳千秋雲外声

千代を経む　小むろの城の　ためしには
空に聞ゆる　白鶴の声

光忠は、志半ばにして大永五年(一五二五)没する。

光忠の子、大井伊賀守光安《みつやす》（光為）は、父の遺志を継いで、鍋蓋城の支城として天文二年(一五三三)、乙女坂（その後の二の丸台）に乙女（乙女坂）城を築く。乙女城は白鶴城ともいわれている。

大井光忠の築城した鍋蓋城と、その子光安の築城した乙女城とは、当時はそれぞれ独立した城郭であった。しかし、二城はそれぞれ相関的・有機的に関連しあい、相互に補完しあって、小諸城（小室城）・城下町の守備と重要交通路とを押さえる形で、巧妙な配置となっていた。

しかし、交通の要地であっても、城郭としては鍋蓋城も乙女城も小城郭で、もろい城郭に変わりがなかった。要害堅固な城には程遠いものであった。

▼天然の地形を得た小室城は、東信濃の奥深い谷から流れ出る清らかな千曲川の流れと、幾重もの城郭の間を、白鶴がひるがえって飛ぶ姿は、千年も万年もと、雲の上からもめでたいと祝福されているようだ。

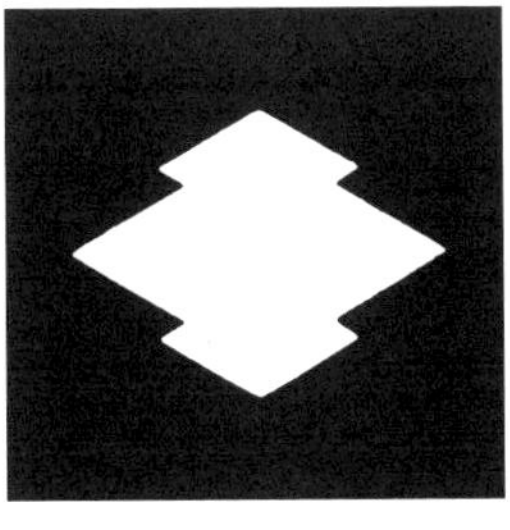
大井氏の家紋

大井光忠築城の鍋蓋城

② 戦国期の武田氏、佐久郡制覇

武田信玄が佐久の地に侵入し、小諸城などを手中に収め、山本勘助らに命じて深山幽谷の地に要害堅固な山城を築き、この地を重要拠点とする。佐久郡を制覇した武田氏は信濃全域を旗下に収め、武田・上杉の両雄は川中島を中心に信濃国争奪を五回繰り返す。

風林火山

「南無諏方南宮法性上下大明神」（諏方《すわ》法性《ほうしょう》の旗）

「疾　如　風　徐　如　林　侵
掠　如　火　不　動　如　山」（孫子の旗）

『信濃の歩み』によると天文九年（一五四〇）、「武田信虎《のぶとら》（信玄の父）、佐久郡に侵入し諸城を陥す」とあり、「風林火山」が佐久一帯を虎視眈々と狙い始めた。

佐久には有力な戦国大名や武将がなく、甲斐の武田氏、越後の上杉氏、関東の北条氏、尾張の織田氏などの草刈場となって戦乱に巻き込まれた。それに対して、大井氏一族やそれに与する土豪らは山城《やまじろ》や砦を構えて、時には合従連衡、時には集合離散して戦ったが、劣勢で守る術がなく、武田氏の軍門に降ったようである。

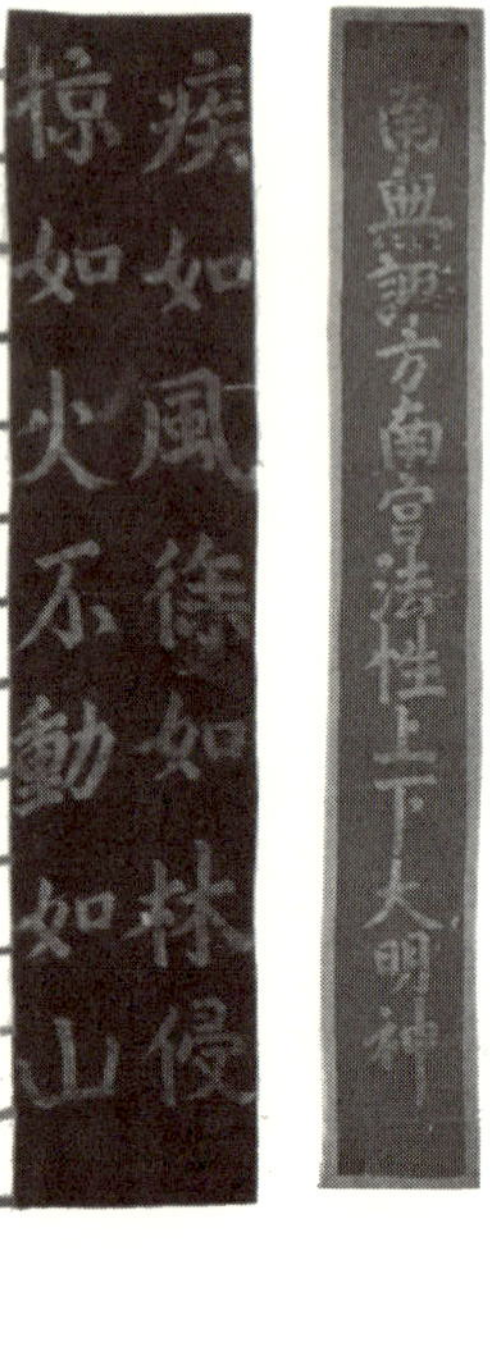

風林火山

南無諏方南宮法性上下大明神
「疾如風　徐如林　侵掠如火　不動如山」

信玄が信仰していた諏訪明神の神号を書いたもので、長さ三六四センチ。左側は紺地に金箔押の有名な風林火山の幟で長さ三八三センチ。

（山梨・塩山市・雲峰寺蔵）

（『中央公論社・日本の歴史11』より）

「▼天文二十三年八月六日、佐久郡要害一夜に九つ落申候。此年御曹子《おんぞうし》（義信《よしのぶ》、信玄の嫡男）様始め御馬を信州、出し被食候て、思う程切勝ち被成候。此年小室も自ら落申候とて……」（『勝山記』『妙法寺記』「懐古園の碑」）

小諸城も落城し、鍋蓋城主大井光安が滅びたと伝えられる。『甲陽軍鑑』『信陽雑誌』によると、落城したのは小諸・内山・前山・与良・平原・望月・芦田・岩尾・小田井の九城である。

「陰陽の向背を探り五行《ごぎょう》の位分を察し、地勢の脈理を考え、人事の理害を弁じ、方円を縄墨に顕し、四器文房隠顕縄張《なわばり》の法」によって縄張をする。

「隠顕縄張の法」をわかりやすく記すと——

易学の五行の位分——木・火・土・金・水の五つの元になる気は、木は火を生じ、土は金を生じ、水は木を生じることによって、吉凶の方位（特に不吉な方角、艮《うしとら》〈東北〉の方向＝いわゆる鬼門《きもん》）を確かめる。更に地形のすじみちを考え、人事の最善を尽くして、縦横を墨縄で顕し、四器文房——〈規＝コンパス〉、〈矩＝さしがね〉、〈準＝水平をきめる水盛り〉、〈縄＝直線を作る墨縄〉——によって隠顕（内証）の法を用い、城館や堀などの配置を決める。

このような方法で築城したものは、小諸城址の本丸（酔月城ともいう）である。

武田晴信《はるのぶ》（信玄）の家臣山本勘助晴幸《かんすけはるゆき》は、次のように竣工を詠じた。

▼天文二十三年八月六日、晴信・義信父子が信州へ侵攻し、佐久郡の要塞を一夜で九つ陥落させた。その時、小室も陥落した。

割菱　武田氏の家紋

戦国期の武田氏、佐久郡制覇

「遠近《おちこち》の深山《みやま》かぐれの菱の縄　幾千代をふる城の松風」

縄張の奥義を傾けて、小諸城の築城に力を尽くしたようである。鍋蓋城と乙女城とはばらばらの城郭でなく、内城は乙女城を二の丸とし、それから内部に北の丸、南の丸、本丸と城郭を整えて、堅城を築き、北北東から南南西に走る中心線上に城郭を配置し、小諸城の原型を形成したようである。

小諸城の縄張は、その細部の改修など資料がなく定かではないが、概形はほぼこの時代に定まったものと考えられている。初めは大部分が芝土居《しばどい》（土塁）で、一部が石垣の築城で、攻防の激しい戦乱の続く連日、暫時の隙を見て急テンポで難攻に耐える城郭や石垣に改修された。

日本の築城史および築城技術のうえからみると、小諸城そのもののもつ性格からは平山城である。また、城下町より低い所に城郭があったので穴城《あなじろ》でもある。

信玄・謙信両雄の対決

戦乱の続く信濃国に眼を転じてみると、武田氏と上杉氏とは、信濃国の川中島方面で執拗な抗争を続けたばかりでなく、上野国《こうずけ》で争うことも多かった。小諸城は、川中島方面への兵站★中継基地として、重要な役割を果たしていた。また、上野方面へ進攻する重要な軍事基地としての性格ももっていた類例が見られない城

山本勘助
（小諸市在住者蔵）

▼兵站
食糧・馬・軍需品などを前線に補給するための機関。

である。

信濃国の大半は武田氏の勢力が占拠していたが、北信の葛尾《かつらお》城主村上義清《よしきよ》のように上杉氏に属する武将がいて、川中島の穀倉地帯で接触しては戦乱を繰り返していた。

一方、越後国から三国峠を越えて上野国に入った上杉勢と、碓氷峠を越えて上野西部に入った武田氏と交戦することもあり、上杉氏と北条氏、北条氏と武田氏が、それぞれ割拠の地域をめぐって争奪する戦国の世となった。互いに他国・他領を滅ぼし、吸収しようとするような毎日であり、各地が戦場となって争乱が続いた。

小諸城は武田氏の支配下にあって、扇の要のような役割を果たした。そこで重

武田氏の家系図

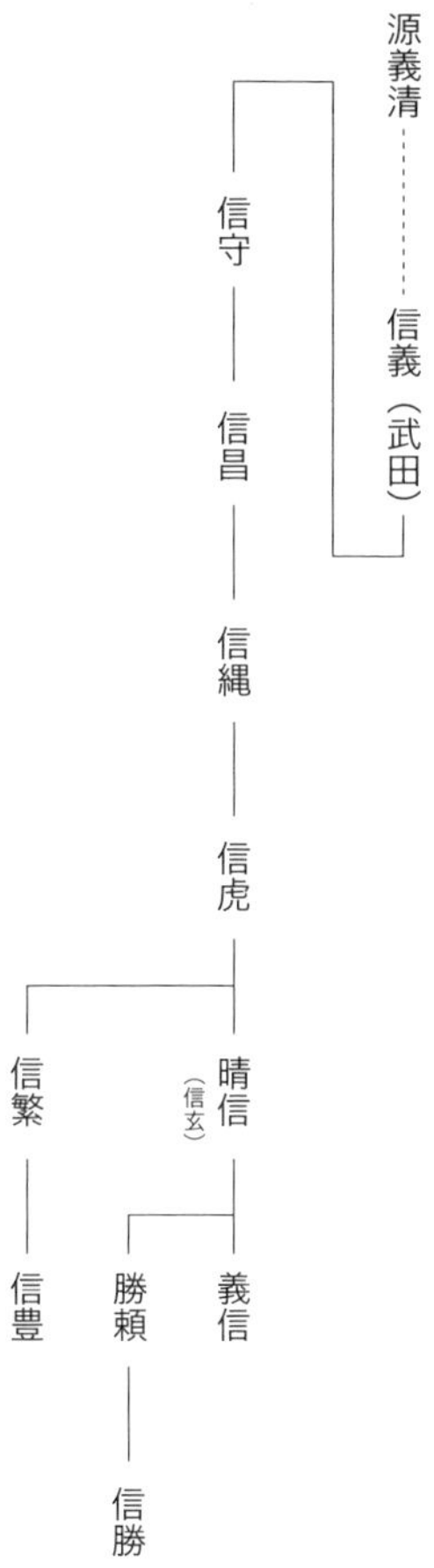

要基地として強化するための縄張が、軍師山本勘助によって行われ、勘助は要害の城を造り、要請に応えた。

次に、甲斐の武田氏と越後の上杉氏の、信濃国争奪の戦いを『信濃の歩み』から抽出し、その概要を理解するよすがとしたい。

- 天文十九年（一五五〇）、武田晴信（信玄）が、村上義清の属城、小県《ちいさがた》の砥石《といし》城（上田市伊勢山）を攻め、敗れて退く。——砥石崩れという。
- 同二十二年、信濃守護小笠原長時《ながとき》が、武田晴信に圧せられる。また、晴信が埴科郡葛尾城を攻略し、村上義清は越後の長尾景虎《かげとら》（上杉謙信《けんしん》）を頼る。四月二十二日、晴信と景虎が川中島八幡原で戦う（第一回川中島の戦い）。
- 同二十三年、武田氏が佐久郡の九城を落とす。小諸城も自落★する。
- 弘治元年（一五五五）、景虎と晴信が川中島で合戦する（第二回川中島の戦い）。
- 同三年、信玄の兵、景虎方の葛山《かつらやま》城（長野市）を攻略する。四月、景虎が善光寺に出陣。七月、武田軍が安曇郡小谷城を攻略する。八月、景虎は武田軍と水内郡上野で交戦（第三回川中島の戦い）。
- 永禄二年（一五五九）、長尾景虎、関東管領《かんれい》となり上杉政虎《まさとら》と改名し、のち輝《てる》虎《とら》、謙信となる。村上・高梨氏ら信濃諸将は、これを祝う。
- 同四年九月、武田信玄と上杉謙信が川中島で激突し、両者一騎打ちとなる。武田典厩信繁《のぶしげ》（信玄の弟）は戦死。山本勘助が「きつつき戦法」を信玄に進

長尾（上杉）氏の系図

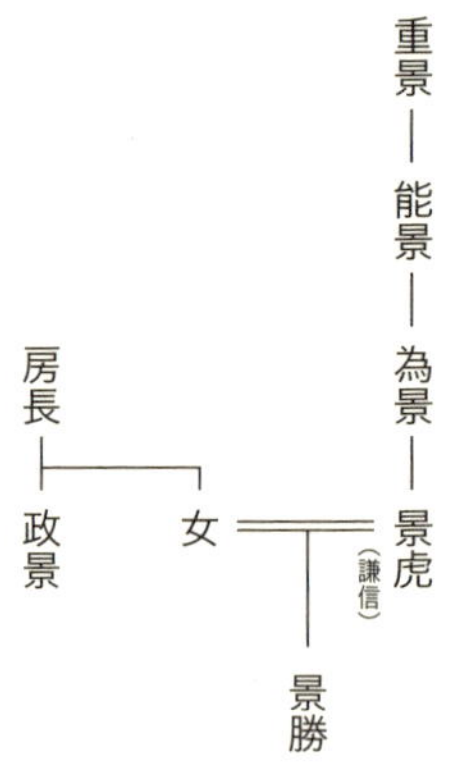

北条氏の系図

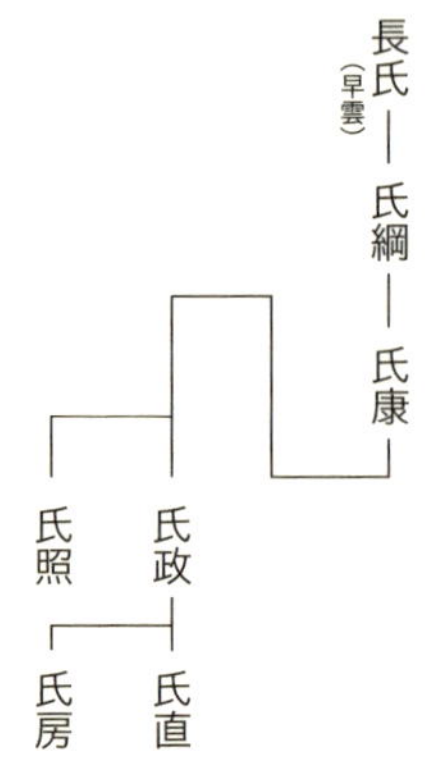

▼自落
自ら降伏する。

言したが、謙信に見破られ責任を感じ、この合戦で戦死する（第四回川中島の戦い）。

- 同七年、信玄と謙信が、更級郡塩崎（篠の井）・川中島八幡原を中心に対陣して戦う。合戦の痛手が多く、両軍は本拠地へ引き返す（第五回川中島の戦い）。
- 天正元年（一五七三）、信玄が上洛途上の三河（愛知県）陣中で病み、伊那郡駒場（阿智村）で病死（五三歳）。
- 同三年、織田信長・徳川家康の連合軍が、三河国の長篠《ながしの》の戦いで足軽鉄砲隊を率いて、武田勝頼《かつより》の騎兵隊（弓矢・槍を中心とする）を破る。武田方の信濃諸将は戦死する。
- 同十年三月、武田勝頼が、織田信長・徳川家康に攻められて、甲斐国天目《てんもく》山麓の田野で自刃し（三七歳）、武田氏は滅亡する。

武田信玄の甥（信繁の子）信豊《のぶとよ》は小諸城に逃げ、城代の下曾根《しもそね》覚雲《かくうん》に謀殺される。

信濃国一円は織田信長の支配下となったが、同年六月、明智光秀《あけちみつひで》が、本能寺に信長を、二条城に信忠《のぶただ》（信長の長男）を囲み自殺させる。

その後、信濃は上杉・徳川・北条の三氏の争奪の場となり、また関東をめぐる争覇が続く。

川中島合戦図　信玄と謙信の一騎打ち（東御市赤岩小平家蔵）

③ 小諸城の争奪と領主の変遷

武田氏領有期は重臣の家臣団を城主にして兵站基地を守り、武田氏滅亡後、近世への移行期には争奪が激しく、領主の変遷も慌ただしい。信濃国や関東の争奪が続き、地の利を得た織田（豊臣）・徳川の諸氏が激戦を制して全国制覇、天下統一の方向へ歴史は進む。

武田氏領有期

小諸城を武田氏が掌中にしたのは、天文二十三年（一五五四）から、武田氏が滅亡した天正十年（一五八二）までのおよそ二十八年間ということになろう。

武田氏は小諸城がきわめて重要な軍事基地であり、方々に通じた兵站中継基地であることを重くみて、武田二十四将の家臣団の重鎮を城主（城代）としておいた。六人の名が史書にあげられているが、その在位期間は史料によって相違があり、明らかなものとなっていない。

①城主　飯富兵部《ひょうぶ》虎昌《とらまさ》
②城主　小山田《おやまだ》備中守《びっちゅうのかみ》昌行《まさゆき》
③城主　小山田備中守昌辰《まさとき》
④城主　春日弾正忠《だんじょうのじょう》昌信

▼武田左馬助信豊
父信繁は、武田方副大将として参加した第四回川中島の戦いで戦死。川中島の典厩寺に墓地がある。首級は忠臣山寺左五左衛門によって小諸に運ばれ、大久保の地に埋められているという。

⑤城主　武田左馬助《さまのすけ》信豊《のぶとよ》★
⑥城代　下曾根内匠《しもそねたくみ》入道覚雲《かくうん》

武田信豊は伯父信玄の死亡後、小諸城主を辞して甲斐国へ帰国し、下曾根に小諸城を任せる。勝頼の嫡子信勝は、一戦にも及ばす自害する。そのため信豊は小諸に逃れ、下曾根氏に援助を求める。下曾根は、信豊を小諸城二の丸で饗応した折、逆心して信豊を殺害し、従者など二十余人も討死する。

下曾根は、信豊の首級を織田信長に献じたが、信長は信濃国飯田において首実検をしたが、下曾根の不忠不義を怒り、下曾根を追放する。

飯富・小山田・春日氏らの衛戍《えいじゅ》★、信豊の居城、下曾根氏の留守など、天文二十三年八月より弘治二年(一五五六)までの三年間は、小諸城の秘事の縄張★の築城時代である。飯富氏ら重鎮家臣の衛戍と、弘治二年より永禄二年(一五五九)まで四年間は武田信豊が在城する。永禄二年より天正十年三月までは下曾根が留守（城代）をする。武田氏の支配は計二十八年間に及んだ。

武田氏滅亡により、小諸城は織田氏の領有となる。時に小諸城支配高は六万石となり、その郷村は、佐久・小県の一八〇カ村、うち本郷一五六カ村、枝郷二四カ村であるという。

武田信繁（信玄弟）の墓碑

▼衛戍
軍が常時駐屯して警備する。
▼秘事の縄張
秘密の築城。

近世への移行期

①城主　道家彦八郎正栄　小諸在城四カ月

織田信長の勇将滝川左近将監《さこんしょうげん》一益《かずます》が、佐久を席巻し、更に怒濤のように進攻した。碓氷の嶮を越えて西上州の武田領を掌中に収め、厩橋《うまやばし》（前橋）に拠った。一益は佐久・小県二郡を賜り（知行）、この管理を甥の道家《どうけ》彦八郎正栄に任せて守らせる。

天正十年（一五八二）三月二日、正栄は二万石で小諸に在城する。

六月二日に本能寺の変が起き、信長自刃の飛脚杉山小助が六日小諸に着き、七日厩橋に至る。

滝川一益はこの訃報を聞き、愁傷斜めならず★といえども、不屈の勇気をみせようと、同十七日、上州幕下の一万余人、手勢八千余で上州・武州の境目の金窪原で、北条氏と合戦した。しかし戦意乏しく、滝川は合戦に利なく敗退し、二十一日小諸に戻った。五日間滞在し、二十五日一万八千余騎を率いて、甥の正栄とともに西国に向かった。

このとき、小諸城の城代として、佐久の雄将依田信蕃《よだのぶしげ》を任じ後事を託した。道家正栄の在城は四カ月。小諸城支配高は六万石、郷村などは前代に同じである。

▼愁傷斜めならず
大変な悲しみよう。

織田氏の家紋

②城代　依田（芦田）常陸介《ひたちのすけ》信蕃　小諸在城一カ月

依田氏は源経基《みなもとのつねもと》の末裔で、小県郡依田庄をもって姓とし、在名《ざいみょう》★（立科町芦田）をもって芦田とする。武田信玄・勝頼二代の忠臣である。

天正三年十二月、遠江国二俣《ふたまた》城の城主として忠勇抜群の誉れといわれた依田信蕃、二俣城の落城後、駿河国田中城（静岡県）に移り、のち田中城を徳川家康に献じ、芦田城に帰る。

天正十年六月二十五日、信蕃は小諸城代となる。織田信長の家臣森勝蔵長一（長可《ながよし》）の命によって、道家の跡を引き継ぐことになった。

本能寺の変後、小田原の北条氏政《うじまさ》は滝川一益を攻め、その子氏直《うじなお》は大軍を率い上野国を侵して一益を破る。更に信濃国の空国たるに乗じて小諸城を攻める。

依田信蕃は、徳川家康の意をうけ（田中城開城の処置が抜群で、家康に見込ま

▼在名
在郷の名。

依田氏の家紋

依田（芦田）氏の系図

清和天皇……依田為真（小県依田庄）―光徳（芦田城築城）―光広（光得寺建立）―義玄―信守（武田氏臣従）―信蕃（岩尾城討死―武田氏↓徳川氏に仕える）（小諸城代）―康国（松平姓）（小諸城主）

　　光徳・光広：芦田

　　信守―信幸（岩尾城討死）

　　信蕃―康勝（上野藤岡に移封）

（『依田信蕃』、市川武治著）

れ、臣下の関係になって)、甲斐国に入り甲信の境柏坂峠で挙兵し、武田氏の遺臣三千余人を得て、佐久に帰り小諸城に入る。在城一カ月。

時に、北条氏が小諸城の依田信蕃を攻める。信蕃は、防ぎきれずとして春日村の奥の穴小屋城(三沢小屋)に隠れ、時節をうかがう。

北条勢は穴小屋城を攻めるが、難攻不落の堅城で、そのうえ依田勢は神出鬼没の反撃で氏直軍を悩ました。

氏直は諏訪から甲斐国箕輪で、一方、徳川家康は新府城(韮崎)で、両者が対陣した。にらみ合いの対陣の中で、北条軍は関東(小田原)から、上野・信濃を経て甲斐への遠征であるので、兵糧の輸送に困難を感じていた。依田信蕃はその弱点をついて、穴小屋城から出兵して北条氏の兵糧を奪取する戦法をとった。兵糧を断たれた六万の北条氏の大軍は、戦意を喪失し、徳川氏と和睦して、甲斐から退去して関東へ退く。

依田信蕃の後方攪乱の功績に対して、徳川家康は佐久・小県郡の二郡を与えて賞したといわれている。

北条氏の大軍は関東へ去ったが、小諸城には、北条氏の家臣大道寺《だいどうじ》駿河守《するがのかみ》政繁《まさしげ》が在留していた。

武田氏に仕えた岩尾城主の大井行吉は、北条方の大道寺との関わりから北条氏の旗下に降り、小諸城に拠る大道寺政繁に与し、徳川氏の攻略に抵抗した。早く

北条氏の家紋

から徳川氏と気脈を通じて活躍していた依田信蕃に対して、大井行吉は、武門の面目と意地もあって強い反発を示した。

片や依田信蕃は、徳川氏の傘下に入った佐久武士の雄として、佐久平定の先鋒となった。

『芦田記』によれば、当時、依田信蕃の掌中に帰した諸城は左の通りである。岩村田城・前山城・平原城・柏木城・望月城・森山城・耳取城・内山城・田口城・平尾城・高棚城・小田井城。

天正十一年二月、徳川軍は岩尾城の大井行吉を攻める。徳川軍の軍監柴田七九郎康貞とともに、田口城に登って佐久郡を俯瞰した依田信蕃は、「佐久悉く平ぎ、独り存するものは小諸・岩尾二城のみ、卿これを見よ」と指をさしのべたという。二十二日、岩尾の城攻めが行われる。

依田信蕃は、功を奏せんとはやったようである。その結果、信蕃と弟の源八郎信幸兄弟は、岩尾城守備軍の銃弾に倒れる。信蕃三六歳。

岩尾城攻撃の依田軍は統帥を失ったが、徳川軍の軍監柴田康貞は、包囲軍の指揮者として、大井行吉の降服を説得する。「徳川殿には別に恨みはない。信蕃に降参することは武士の面目が立たない。信蕃が死に、恨みは消えた。貴殿の勧めに従おう」と行吉は開城した。そのため小諸城はまったく孤立無援となり、信蕃の嫡子松平康国《やすくに》の攻撃によって、大道寺政繁は小諸城から退いた。

天正十一年、小諸城天守閣（三層）の築造が始まり、二年後の天正十三年完成したが、寛永年中(一六二六頃)、雷火により天守閣が焼失したという(『小諸藩記録』)。
③郡主　北条氏直　城主　大道寺政繁　小諸在城九カ月
小田原城主の北条右京大夫氏直が、天正十年七月より、天正十一年三月まで在城九カ月。

北条氏直は、乱に乗じ大道寺政繁（上州松井田城主）を大将にして佐久郡を奪う。

北条氏は徳川氏と和を講じて甲斐国から関東へ去った。その間、小諸城には大道寺政繁が残っていたが、松平康国によって攻められ、小諸城から去る。
④城主　松平康国　小諸在城七カ年
松平修理大夫康国は、領知六万石、天正十一年三月より、天正十八年まで在城七カ年である。依田信蕃の嫡男で、天正十一年二月、父信蕃、叔父信幸兄弟が岩尾城で討死したが、徳川家康は、これを感賞し、元服のとき、松平姓と御字一字を与えた。松平源十郎康国と改め、小諸城六万石の城主となった。

小諸城は城主松平康国を中心として、その幕下に入った佐久の武将たちの加番《かばん》制度によって守られた。

岩村田の大井氏の岩村田曲輪《くるわ》★(筒井町、のちの筒井曲輪)、耳取の大井氏の耳取曲輪（耳取町)、柏木氏の柏木曲輪（小諸駅構内)、森山氏の森山曲輪（駒形町)、

▼曲輪
城番のときの出城というべきもので、ここに拠って城の警備にあたった、小さな砦である。

平原依田氏の鹿嶋曲輪（鹿嶋町）、鍋蓋曲輪、のちに松平釆女正《うねめのしょう》の陣屋のあった禰津曲輪を七曲輪とよんだ。それぞれ加番のときの曲輪である。

天正十七年春、小田原から相木・伴野氏が佐久に侵入した。佐久郡の諸将も誘われて反旗をひるがえした。

松平康国は弟康勝《やすかつ》と、各地に相木・伴野勢の討伐命令をだし、臼田勝間城に集結して両氏と戦った。

康国は両氏を追って上野国に侵入し、相木氏は小田原の北条氏の城に敗走する。同年四月豊臣秀吉は、諸将に相模国小田原攻撃の令を発する。東山道軍は加賀の前田、越後の上杉、信濃上田の真田、小諸の松平康国など、大軍が碓氷を越えて小田原征伐に向かった。

松平康国は、上野国西牧城に武蔵国青木城主多米《ため》周防守《すおうのかみ》長定《ながさだ》と相模藤沢城主大《おお》谷帯刀《たにたてわき》左衛門喜俊両人が籠城しているのを知って、単独で攻めて落城させた。

次いで、前田氏・上杉氏・真田氏と協力しあって上野松井田城を攻めた。四氏は軍議を開いて松井田城攻撃の分担を決めた。すなわち、城北は松平康国が、城西は前田利家《としいえ》が、城南は上杉景勝《かげかつ》が、城東は真田昌幸《まさゆき》が担当した。

松井田城は、大道寺政繁が守る要害堅固な山城である。血気にはやる松平兄弟は、竹を束にした竹把をもって急な斜面を攻め登った。城内軍は勇敢に防戦し、鉄砲を撃って攻撃軍の進撃を拒んだ。十日余り攻めあぐんだある日、康国兄弟は、他の軍勢に先んじて、土塁まで数歩のところまで迫った。狙い撃ちした一弾が康勝の陣羽織の袖を貫いた。前田利家は遠くからこれを見て、「諸軍は一斉攻撃することになっているので待て」と軍使をだして申し伝えた。

しかし、血気にはやる松平兄弟は「城攻めは一歩も多く進撃するのが要諦で、わが家の戦法は退くことは知らない」と返答した。

前田氏はやむをえず、「この方面の司令官は前田利家である」という旨の太閤秀吉直筆の軍令状を松平兄弟に示して、ようやく後退させた。

のちに松井田城主大道寺は和を乞い、松井田城を開城して去った。康国は、協力しての城攻めは互いの束縛があるので、単独で戦闘することを前田利家に約束させて、小田原征伐に参戦した。

その後、厩橋（前橋）と石倉城を攻める。石倉城の城将寺尾左馬之介は、偽って降服し城門を開いた。康国が城門に直進したとき、左馬之介が康国を刺殺した。弟康勝は、一族の依田肥前守信昌らと城内に入って左馬之介を斬殺し、側近の従者を討ち取り、仇を討った。康国行年二一歳。

⑤城主　松平康勝　小諸在城五カ月

松平右衛門大夫康勝は、依田信蕃の二男。上州石倉で兄康国が討たれた際、沈着豪勇で即座に兄の仇をとり、寺尾左馬之介を斬殺した。この抜群の働きによって、徳川家康は兄の家督を継がせて小諸城主に任じた。領知六万石。

これより先の天正十四年、兄康国の例にならって家康の諱《いみな》の一字を与えられ、康勝と称した。

天正十八年、小田原城が落城し、北条氏は滅亡した。関東が平定すると、豊臣秀吉は徳川家康を関東に移封した。関東の豊臣方諸将を信濃へ、信濃の徳川方諸将を関東へ移した。

徳川家康は江戸を本拠として、太田道灌《どうかん》の築いた城を基にして、城域を拡張して江戸城を築いた。いよいよ天下統一ができ、近世という封建社会の後期を迎えることになる。

天正十九年正月、松平康勝は家康の命によって、上野国藤岡に転じて築城を開始することになる。依田信蕃が天正十年に城代として一カ月余、その子松平康国・康勝兄弟が天正十一年から同十八年までおよそ七年間、依田（松平）氏は天正十年から八年間小諸城主として佐久を支配した。

ところが慶長五年(一六〇〇)、康勝は江府において小栗半助と碁の口論に及び、刃傷し領地を没収された。のち高野山に入って加藤宗月と改め、越前国福井で没したと伝えられる。

近世封建社会への移行期である室町末期の戦国時代から安土桃山時代に、小諸を中心に佐久・小県郡、加えて北信一帯は、名将武田信玄と上杉謙信、北条氏などの覇権争奪の場となった。また、織田信長・豊臣秀吉・徳川家康のそれぞれが、天下統一の仕事を着々と進めた史実や、それに属将として名をなした依田・松平氏、真田氏、村上氏、大道寺氏などの動静は、しかと銘記すべきものである。

小諸城を本拠にした依田（松平）氏は、戦乱を終結させ、次の社会に橋渡しした武将として史上に名をとどめている。

真田合戦(徳川氏と真田氏の合戦)

第一次真田合戦の発端は、北条氏の信濃撤兵に伴うものであり、徳川氏・北条氏・上杉氏の三つ巴の大勢力が激突しあう大波の中で、真田氏は渦中に巻き込まれる宿命にあった。

天正十三年(一五八五)徳川氏と真田氏が不和になり、徳川氏が上田城を攻めたのが真田合戦で、これが第一次の真田合戦である。

徳川氏と北条氏の和睦の条件の一つに、上野国沼田の真田領を北条氏に割譲させる約束があり、北条氏は真田氏に譲渡するようしきりに請求した。

真田氏は上杉氏に属し、真田昌幸《まさゆき》は幸村《ゆきむら》を人質として豊臣側に送り、小県郡下の地侍《じざむらい》を旗下に編入して防戦態勢を固めた。

徳川家康は、真田氏の抵抗を排除するため、家臣の将、大久保七郎右衛門忠《ただ》世《よ》・同忠教《ただたか》・鳥居参右衛門など六千余騎、信濃の諸侍七千余騎で上田城を攻めた。

上田の真田勢は騎馬百余騎、徒兵千五百余人、計二千足らずの兵力であったが、上杉景勝の援軍を得て、神川・上田城で徳川氏の大軍を迎撃、縦横に知謀をめぐらして徳川軍を翻弄し、ついに敗退させた。

このとき、小諸城主松平康国は、徳川方の将として、真田氏の上田支城矢沢城を攻めたが、落城させられなかった。

小諸城は、上田合戦のときに最も重要な拠点となり、柴田七九郎光則が大室の富士見城の、三宅惣右衛門康貞が深沢一騎場の刈谷城の城主となり、一時的にこれらの城塞が利用されたと「小諸砂石鈔」は記している。

上田城の攻撃は、徳川氏の惨敗に終わったので、徳川氏の諸将は、面目を立てるため、真田氏の属城丸子城を攻めるが、真田氏の遊撃作戦に悩まされ、丸子城を落とせずに兵を引く（第一次真田合戦）。

総帥大久保忠世はその後、上田の真田氏に備えて、しばらく小諸城にとどまった。

大久保忠世は、後事を大久保忠教に託して小諸を去った。忠教は、天正十三年十一月から翌年二月まで小諸城を守り、のち退去する。

真田氏の系図

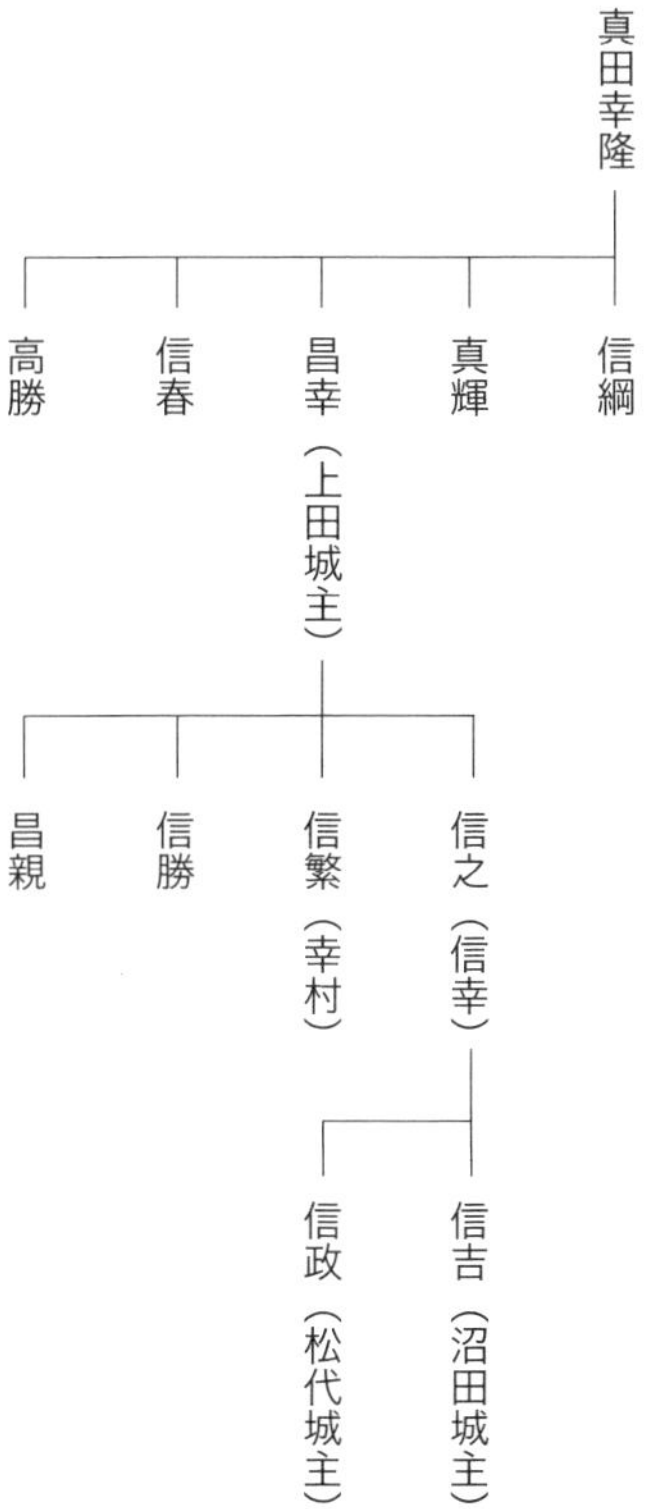

（『真田三代録』、猪坂直一著）

これも小諸

お国自慢
これぞ小諸の物産
小諸自慢の物産をちょっとだけ紹介

蔵酒

山謙酒造店
TEL0267-22-0017

鈴蘭

山謙酒造店
TEL0267-22-0017

こいくち醤油

山吹味噌
TEL0120-56-0009

献寿

大塚酒造（株）
TEL0267-22-0002

姫百合

山謙酒造店
TEL0267-22-0017

富士屋 木樽大

富士屋醸造
TEL0120-33-0398

こがねづくり 陶器瓶
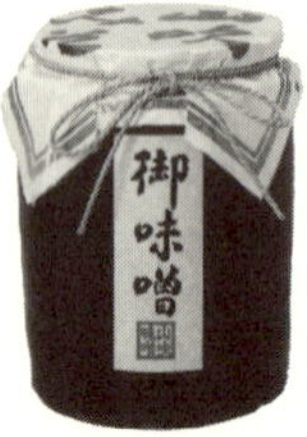

山吹味噌
TEL0120-56-0009

おとっとき 黄金づくり

山吹味噌
TEL0120-56-0009

創業天保元年

こうじや商店
TEL0120-41-3052

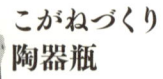

第二章 近世の小諸藩

城に扇状の侍屋敷と北国街道沿いの町人・百姓の住居が発展。

①小諸城下町づくり

小諸城周辺に点在する村（郷）を、城郭や武家屋敷の外側、つまり街道沿いに町屋をつくらせ集住させた。これは町人屋敷といわれるもので、小諸城下町としての小諸四町（市町・本町・荒町・与良町）である。北国街道を中心とした小諸四町は行き止まりの寺社を建立し外敵の侵入に備えた。

小諸城下町づくりの概要

長享元年（一四八七）、大井伊賀守光忠《みつただ》が鍋蓋城を築いた。これが小諸城の始まりである。その子大井光安《みつやす》は、天文二年（一五三三）乙女城を築いた。その後、天文二十三年以後、武田晴信が、山本勘助晴幸《かんすけはるゆき》らに命じて、秘事の縄《なわ》張《ばり》によって、曲輪《くるわ》・堀・石垣・城門や塀・土のかきあげなど、小諸城城郭の普請をさせた。

小諸城の城郭は、城内に七つの曲輪と八つの城門を築いて、本丸・二の丸・三の丸など、横に並べて防塞を築き、その外周に武家屋敷を配置し、人的な面からも緊急の事態に備えた。武士団は城内に居住することを原則にした。

兵農分離によって身分制度が確立したこともあって、城下には、商人・職人・百姓などに街道（のちの北国《ほっこく》街道）★沿いに町屋をつくらせて集住させた。これが

▼北国街道
北陸道と中山道を結ぶ街道。信濃国追分と越後国直江津を結ぶ。

小諸城下町の市町・本町・荒町・与良《よら》町の、いわゆる小諸四町である。

小諸四町には、商品の生産と流通を渡世とする問屋・商人・職人が、また百姓や、賤民なども集住した。物流の基地として、馬の背で運ばれてくる物資の集散地として機能し、また藩の御用達《ごようたし》の商人が店を構え、旅籠屋・茶店が旅人の休泊の求めに応じて営業した。卸問屋・小売商が集住し、大規模な消費経済を発達させ、町人の町として商業の発達を加速させる働きをした。

更に北国街道の外側の地域に、四社と一七寺を配置し、小諸城を守る城下町づくりを整えた。

小諸城下町は、城下町と宿場町・商家町の三者を色濃くして、相互の関わりによって繁栄した。

小諸城は穴城《あなじろ》という特色をもっているが、長享元年、鍋蓋城が創築された頃は、城の周りに集落があって市が立った。城域の拡大によって家臣団の住居や寺屋敷は、遠心的に押し出されていった。

中町・横町・市町・裏町・柳町・清水町（新町）などは、小諸城の北や北西部の比較的低い位置にあり、本町・荒町・与良町は町並みを整え、城内より高い位置にあった。小諸城の城郭が低い所にあるということから、穴城といわれたものであろう。

小諸城下町の東側の蛇堀川《じゃぼりがわ》、北側の中沢川、城下町を貫流する松井川、西北の栃木川などは、ともに城下町外側の自然の守りとなっている。

移転・集合の城下町整備

(1)市町〈横町・柳町・清水町〉総延長七七三メートル

市町は往古、手城塚村、今の手城塚から鳴海の大門、大梁《おおやな》に散在した住民が、文安・宝徳期(一四四四~五二)からこの地に移り始め、慶長期(一五九六~一六一五)から市町と称した。これは最初市場とよんだので市町と名づけられたという。その初め市場といった頃は、今の裏町通りで、市日は、四日・十四日・二十四日の三日であったという。

飛散地として、大梁・栃木・押出・滝の窪という地域がある。

(2)本町〈本町・中町〉総延長五五四メートル

本町は往古、小諸村・宇当坂村、今の御所村、古宿付近一円に在住した者が、長享元年(一四八七)鍋蓋城築城とともに現地に移住した。

そして、小諸町★の名が総称〈全体の名前〉となり、本町はその最も中心地という意味で、慶長期頃から本町とよんだ。中町・六供・田町および東沢など本町内に属しているという。

(3)荒町　総延長五五六メートル

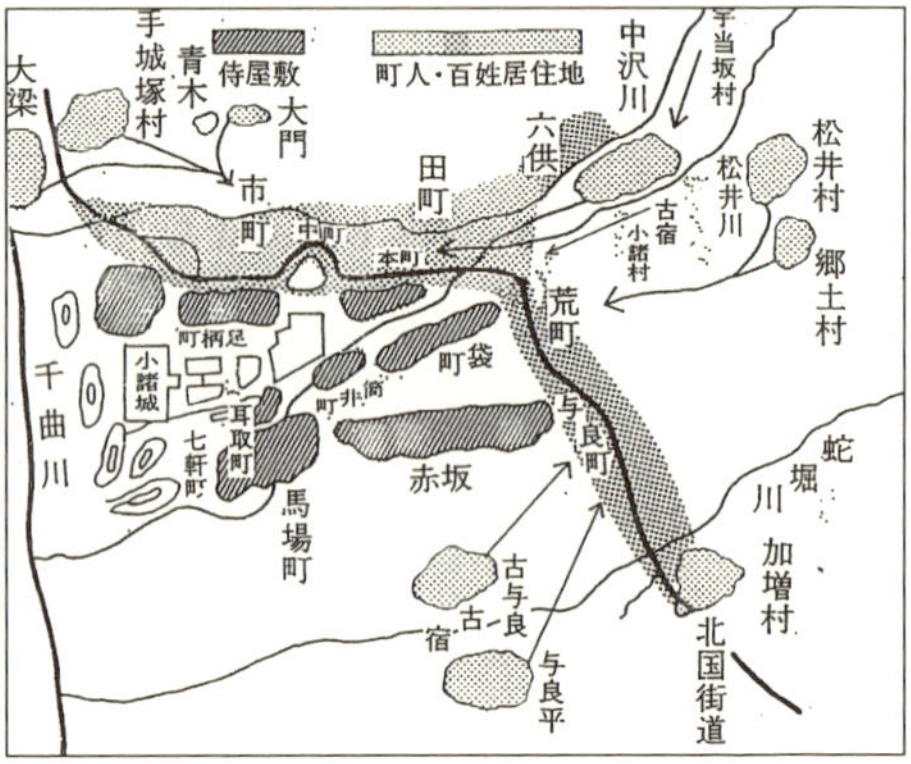

小諸周辺の村寄せによる城下町づくり

▼小諸町
明治九年(一八七六)、貫属地〈旧城内の侍屋敷のあった町〉と市町・本町・荒町・与良町、すなわち五カ町が合併し小諸町となる。

弘治元年(一五五五)から永禄初年(一五五八〜)にかけて、戦略上と内政とを兼ねて城下町創設を企て、近郷の集落移転(村寄せ)を行う。まず手始めとして、松井郷の一部へ与良《よら》郷に散在する全集落を集合させて「与良松井」と改めさせた。

小山長勝は南城から離れて、郷民に率先して、領内の与良松井、現在八幡神社のある所の新邸に移転した。『安田義定とその嫡流』は、こうした村寄せによって、小諸城下町づくりをしたと述べている。

松井観音堂の南無阿弥陀仏の石碑口籍序文は、荒町の由来を次のように述べている。「荒町の本は松井に居る。小諸城を築き、宮室門楼(御殿や門櫓および城下町の整備)就に及て(築造できて)、邑人、命を受けて居を荒町(新町)に移す。是則、弘治・永禄年間(一五五五〜七〇)に在り」と記し、松井郷に散在した村落が、荒町(新町)に移転をして、与良新町をつくった証となっている。

「延喜の官道東山道《とうさんどう》」も、山坂を上り下るという状態から、だんだん通りやすい平坦な所に道が換えられたもので、武家社会になって「清水駅」も、だんだん機能が失われて、鳴海の大門として市町に村寄せしたものと考えられる。また、戦国争乱の時代には、軍用道路としての性格を倍増させて、小諸の城下町である

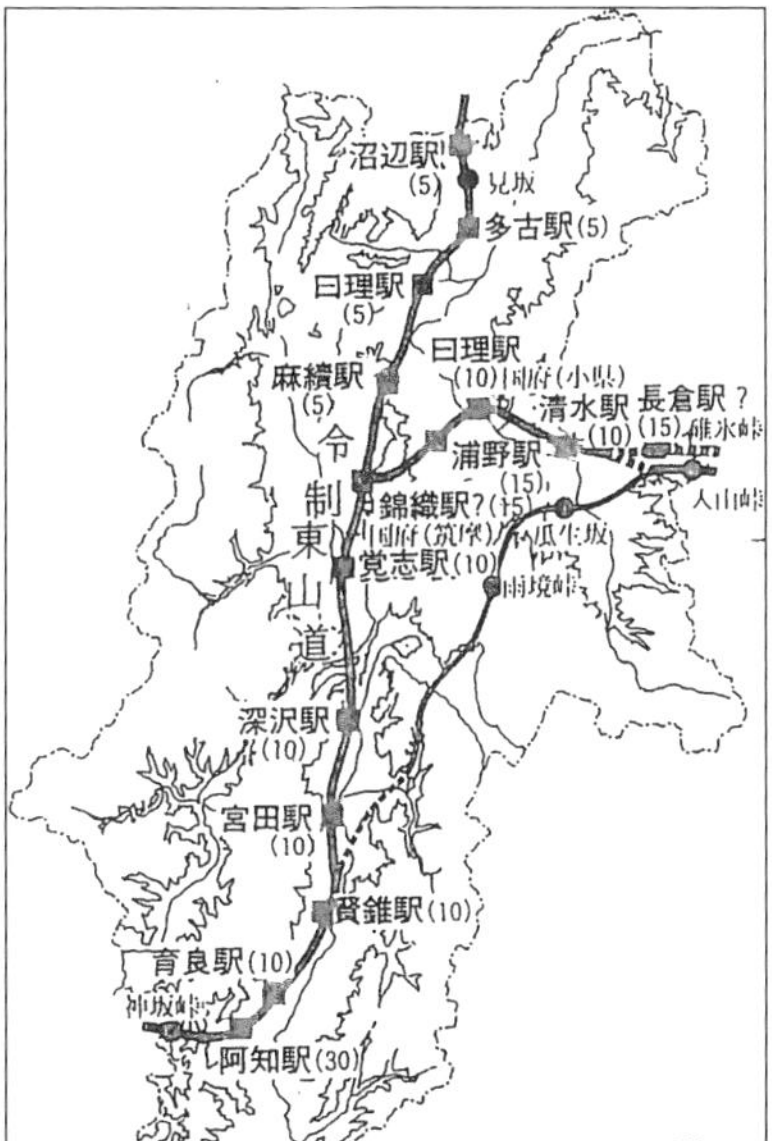

延喜の官道東山道
(長野市教育委員会提供資料)

清水駅跡

市町・本町・与良荒町を通り、江戸時代の北国街道とほぼ同じ道筋をたどって坂《ばん》東《どう》★へ通じたものと考えられている。

荒町は、もともと「松井郷」に散在していた民戸★が、街道沿いに集落をつくり始めたものといわれ、また、「松井郷」の一部へ「与良郷」に散在する集落を集合させて、「与良松井」にしたともいわれる。

天保期(一八三〇～四四)まで、御公儀《ごこうぎ》の貢租などに関しては「与良松井」という形で、与良町に含まれていた。

与良松井→与良荒町（新町）→荒町と町名も変わっていった。

町並みも整い一町としての体裁（町方三役とよばれる庄屋・町年寄・百姓代が選ばれて、町政をする自治組織ができる）が整い、内実としての実績と経済的な実力をたくわえて、立派に成長・発展した「荒町（新町）」は、与良町のわがままをよしとせず、市町・本町・与良町の小諸三町と並べられるような、「独立の町として認めてほしい」と独立運動を起こしてきた。

小諸城下町が体裁を整え始めて以来、与良町から荒町の分町、つまり分離・独立する運動は、約二百年間にわたって続けられた。

(4)与良町　総延長四一八メートル

与良町は往古「依羅」と書き、長享元年、大井光忠が鍋蓋築城以後、弘治・永禄期頃、上与良・中与良・下与良（古与良）・与良平・古宿辺りから現地へ移り、

▼坂東
足柄・碓氷峠以東で関東地方の古称。

▼民戸
民家。

城下町の形態をとったものである。のちその旧名を襲い、慶長期に与良町と称した。

神明小路・下畝小路・大日小路（与良山路）および薬師小路・熊野小路などが、与良町に属する。飛散地として、小原・山の前・繰矢川・下河原・芹沢などがある。

小諸城下町の三町、市町・本町・与良荒町は、のち荒町が与良町から独立して、市町・本町・荒町・与良町の四町となった。

小諸城下町は、北国街道の街道沿いに整備された四町で、総延長二・二キロにわたる。

本町には番所や、町の境には京枡・江戸枡があったといわれている。また清水町（新町）の番所、市町末の木戸、市町の樋《とよ》の下口木戸《したぐちきど》、与良町木戸はそれぞれ、小諸城下に入ってくる客や荷物について、不審者などの警戒にあたった。番所には、定番《じょうばん》が詰め、三ツ道具の突棒《つくぼう》・刺股《さすまた》・袖搦《そでがらみ》を備え、厳重な治安と警備にあたった。いわば小諸城下町の関所で、東西には制札《せいさつ》★が掲げられていた。

小諸城下町は、北国街道の宿場町としても大きな役割をもっていた。江戸・京都・大坂の三都を結ぶ中山道の脇往還として、江戸と北陸を結ぶ重要な幹線道路（北国脇往還）が、城下町の与良町・荒町・本町・市町の四町を貫いていた。

戦国の武将は、命運をかけて重要な拠点を得たとき、次の五点に力を入れ、更

▼制札
禁令の個条を記し、路傍や神社の境内などに立てる札。

に力を得て、次の群雄割拠に挑んだ。

①要害堅固な城郭を築き、私兵をたくわえ、防備を最善にする。周辺には兵站基地や出城《でじろ》をつくる。補給の便を確かにする。

②城郭には曲輪と武家屋敷をつくって城内を守る。その外側に城下町や街道をつくり、更に神社・寺院などをおき、外から城を守る配慮もする。直進路を避けて枡形・鉤型の道路をつくり迷路のようにして、防戦の準備も入念にする。

③神社・仏閣を保護し、菩提寺《ぼだいじ》や祈願寺としたり鎮護の神などとし、また神殿や寺領を寄進して崇敬する姿を示し、民心の安定に努める。

④城下町の衣食住の自給自足の体制（産業の発展）の整備をする。

⑤城内・城下の水路の整備をする。

などが必須の要件とされたものである。

❷ 近世小諸城の概要

山本勘助が縄張を行った小諸城は、要害堅固な穴城であっても鉄砲使用など戦法の変化に対応できず、戦乱の終わった慶長期に仙石秀久によって近世城郭への大改修が行われて、明治の廃城期まで続く。天守閣や城門、鉄砲狭間や矢狭間をつけた城壁や石垣、厳重な帯曲輪に改修し、城郭も御殿づくりにした。

小諸城築城の歩み

豊臣秀吉は小田原攻めの軍功により、仙石越前守秀久《せんごくえちぜんのかみひでひさ》に小諸城を与えた。秀久は慶長末期(～一六一五)頃までに、城郭や城門の整備、石垣の築造と改修、城下町の整備など、近世城郭としての大改修を行って、ほぼ完成したとみられる。

城郭は本丸から三の丸まで一直線に連なり、★その中心軸に対して、自然の塀をなす深い谷を挟んで御城米蔵など諸曲輪《くるわ》（荒神《こうじん》曲輪と籾蔵台、南の丸と北の丸など並郭式に）を対称に配置させた。全国でも特異な穴城《あなじろ》としてあげることができる、日本の名城の一つとされている。

穴城の不利を補うため、三の丸の周辺に、鍋蓋曲輪・鹿嶋《かしま》曲輪などを効果的に配置し、天険を巧みに利用して防禦を固めた。これらを連絡する通路を、田切りの谷間にとり、要所に黒門、中仕切《なかじきり》門★、二の門、三の門、大手門（四の門）、御

▼北北東から南南西の中心軸上に、三の丸・二の丸・南の丸・北の丸・本丸が並ぶ。

▼中仕切門
本丸と二の丸の仕切り、南の丸と北の丸の仕切りや連結の意味をもち、また門と渡り櫓と三層目の居館は、遠見の役割を果たす。

城米蔵門・水の手不明門、足柄《あしがら》門など八つの城門を設け、鉄砲に対する備えをした。

八氏・十九代の藩主の変遷を経て明治維新を迎えるが、この間、寛永期（一六二四〜四四）には松平因幡守《いなばのかみ》憲良の本丸普請などがあり、この時期に小諸城の城郭が完成したという。

寛保二年（一七四二）中沢川を中心にした「戌《いぬ》の満水★」で、町屋とともに三の門・足柄門が流失し、明和二、三年（一七六五、六六）頃再建されたようである。

明治五年（一八七二）廃藩置県後、小諸城跡は払い下げられ、東京鎮台上田分営長の乃木希典《のぎまれすけ》が払い下げの管理者となった。三の門は領内町医嶋河原村在住の小山享家に払い下げられたが、明治十三年に小山家から懐古神社に寄付された（「小諸三の門寄付証文」）。

懐古の情をひもとく場として、三の門を正門とする小諸城址の城域を、「懐古《かいこ》園」と名づけて公園とした。

▼戌の満水　五〇頁参照。

小諸城の特色と縄張の概要

小諸城は信濃国の東部、活火山浅間の南西麓、千曲川の断崖上に位置する。千

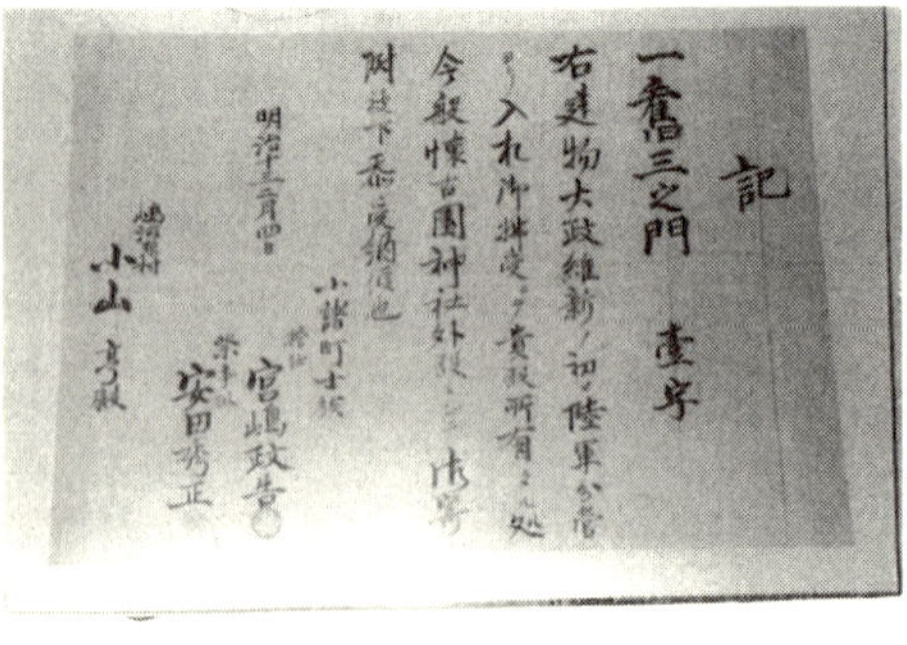
記
一　舊三之門　壹字
右建物大政維新ノ初メ陸軍分営より入札御払受ケ貴殿所有ニ処
今般懐古園神社附属トシテ御寄
附被下忝存納候也
明治十三年四月
小諸町士族
宮嶋玖告
安田(?)正
小山

三の門寄付証文

曲川の支流として城下町を貫く中沢川・松井川に懐かれ、凹状の谷底、軽石流堆積の崖、すなわち、天然の田切り地形（深さ一五～二〇メートル、最深部で六〇～七〇メートル、幅一〇～三〇メートル）を巧みに利用して築城した要害堅固な平山城《ひらやまじろ》である。

本丸・二の丸・三の丸などの城郭が、城下より低い所にある珍しい穴城の構造でもある。

次に、小諸城の縄張の概要について記す。

本町口木戸から浄斎坂を下って、あるいは市町樋の下口木戸から入って、小諸城表門である大手門（瓦門）を経て三の丸に入る。鹿嶋曲輪の裏を右折し、谷を西行すると花見《はなみ》櫓《やぐら》と三の門に達する。三の門から水櫓の左を回って急坂（乙女坂★）を登ると二の門となる。二の門を入ると正面に番所、右手は二の丸御殿への階段となる。

西に向けて進むと南の丸と北の丸が対置され、中仕切門があって、枡形《ますがた》の仕組みで敵の直進を防ぐ構造となっている。更に西進し、ここから本丸との間は空堀とし、取りはずしができる紅葉橋（算盤《そろばん》橋・黒門橋）を経て黒門（一の門）に至る。縄張の秘事は、近世の小諸城にも継承されたものであろう。

黒門から左に、そして右に枡形を曲がると本丸で、正面に御殿の玄関がある。

本丸は四方に帯曲輪や寿仏曲輪をめぐらし、最後の拠点らしく要害堅固な石垣で

徳川家達「懐古園」の扁額

▼乙女坂
平小田坂といい、三二本の伏木を埋め、一名一騎立ての坂で、左側は二の門まで、一三・八メートル柵で仕切られていた。

囲まれている。北西隅に天守台《てんしゅだい》がある。黒門から右に進むと、北は荒神《こうじん》曲輪として天神と荒神を祀り、西は馬場となる。武器庫・御金蔵《ごきんぞう》・銭蔵《ぜにぐら》・煙硝蔵《しょうえんぐら》★などがあり、更に西に進むと不明門、水の手曲輪となっている。

城の周囲は、田切り地形を利用した空堀が、南に六つ、北に六つある中心軸の南に木谷・南谷・南三谷・南四谷・南五谷・南六谷があり、中心軸の北には北谷・地獄谷・禰津谷《ねつだに》・堀留谷・北横堀・前堀がある。ほかに南北の方向にある谷には、紅葉谷・西谷・隠堀がある。

御城米蔵門を経て、台地に籾蔵台や曲輪を巧妙に配置し、西は城山を経て千曲川の断崖になっている。

東の正面には七つの曲輪（禰津・鍋蓋・鹿嶋・耳取・柏木・筒井・森山の七曲輪）を配置しており、城郭部を更に強固にした縄張といえる。

▼**硝煙蔵**
火薬庫。

③ 小諸城下町

本丸を中心に城門や曲輪を配置し、その外側に扇状に武家屋敷を、街道沿いに町屋を設け、要所に一七カ寺と四社を建立し、外護の働きをもたせた小諸城である。町人町は、城下町の用水開削と消防体制の整備を行う。

武家屋敷(侍屋敷)

小諸城の築城と城下町づくりについて、その概要を述べてきたが、更に武家屋敷や町人町について簡潔にふれたい。

小諸城の城郭は、城内に七つの曲輪と八つの城門を築いて、本丸・二の丸・三の丸などを防禦し、その外周に放射状に武家屋敷を配置し、合戦に備えた。武士団は原則として城内に居住することにし、その地域は武家屋敷(侍屋敷)とした。

①袋町——道の両側に屋敷があり、西側は筒井町に通ずる。五軒町より鹿嶋裏へ登る坂を榎坂とよんだ。

②五軒町——中間《ちゅうげん》長屋(定番屋敷)があり、樋の下町に一三軒、この町に五軒あった。

海応院の寺屋敷があり、その後荒町に移る。

③馬場裏町――馬場があったが、洪水で流失した。用水が流れ、瓢箪池を通して水櫓に至る。

④筒井町――現在の小諸駅付近一帯をさし、柏木・森山・筒井曲輪のあった町である。

⑤鹿嶋裏町――鹿嶋神社は城の鎮守《ちんじゅ》で、裏道を鹿嶋裏町とよんだ。鹿嶋山があり、鹿嶋曲輪のあった地域である。また牧野氏の菩提寺泰安寺があった所である。

⑥大手町――本町口木戸より入って大手門から三の門辺りまでをさし、三の丸とよんだ。鍋蓋城跡には代々城代《じょうだい》家老の屋敷があった。

⑦馬場町・七軒町――それぞれ屋敷のあった場所で、家老や御側用人《おそばようにん》の屋敷もあった。

牧野氏墓地の〆掛も近くにある。

樹木林があり、物見曲輪があった場所である。

⑧耳取町――武家屋敷があり、また耳取曲輪があった。御作事《おさくじ》（作業場）のあった地域である。

⑨樋の下町――定番屋敷のあった町である。

⑩繩津曲輪――藩主松平憲良の庶兄松平忠節の住居があった地域で、五千石分知して繩津知行所に赴いた。その後、西尾氏の家老遠藤氏が隠居して雲海曲

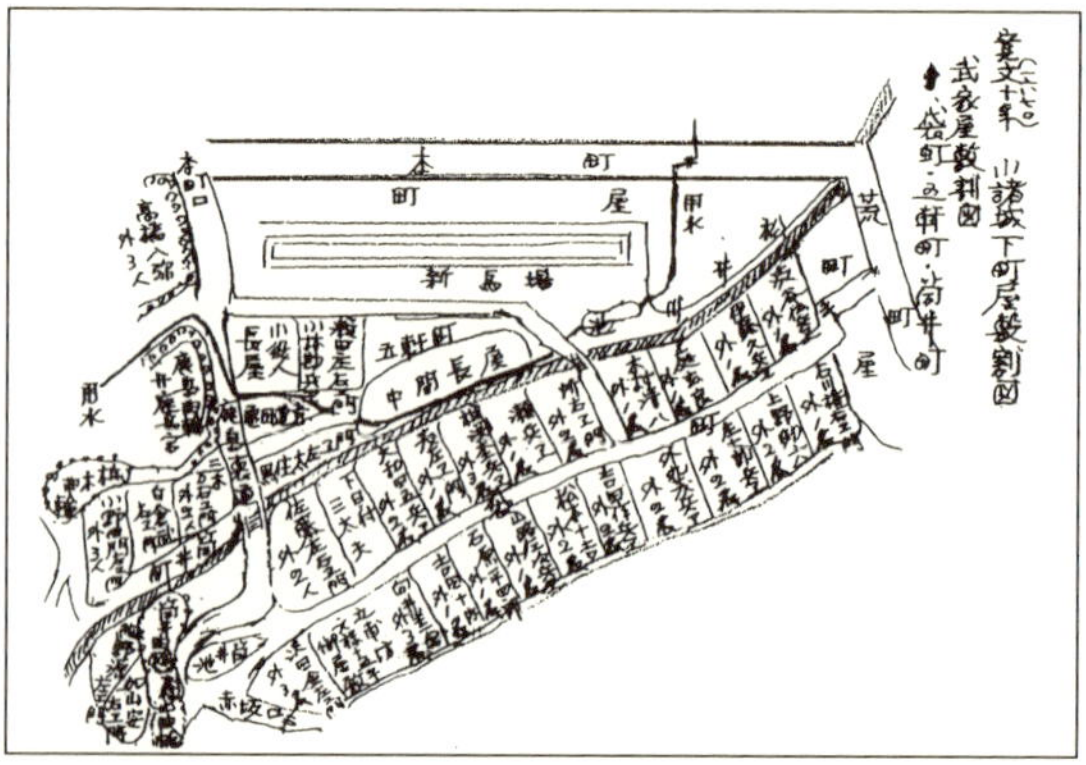

寛文絵図

輪とよんだ。

禰津曲輪の切通しを設け、仙石氏によって足柄門が建立された。

⑪足柄町・日影町――両町とも武家屋敷のあった町で、日影町は同心《どうしん》の屋敷が中心である。

⑫赤坂町――足軽《あしがる》町ともいわれ、また中間町でもあった。屋敷の地割が細かく、多くの武家衆の集住した町であったと考えられる。

「寛文十年(一六七〇)・小諸城下町屋敷割図」を基にして、小諸城内の武家屋敷の区画を概観してきた。

大井伊賀守光忠・光安、続いて武田信玄の行った村寄せは、更に城下町の整備を加速させていった。

小諸藩主仙石秀久は、北国街道の宿駅制度にあわせて、小諸城・小諸城下町の大改修に着手し、近世の城下町の体制を整えた。

寛永六年(一六二九)徳川忠良が、佐久郡各郷村(駿府領)の検地★を行い、同年、小諸藩主松平憲良も小諸領内の検地を行っている。

寛文十年の「小諸城下町屋敷割図」は、小諸藩主酒井日向守忠能《ひゅうがのかみただよし》の検地によるもので、厳格・厳密に測量して作成した絵図である。

城郭の周辺に武家屋敷をつくり、武士を集住させ、また街道沿いに職人・商人・農民などを集住させて、小諸城下町を更に強固なものにした。

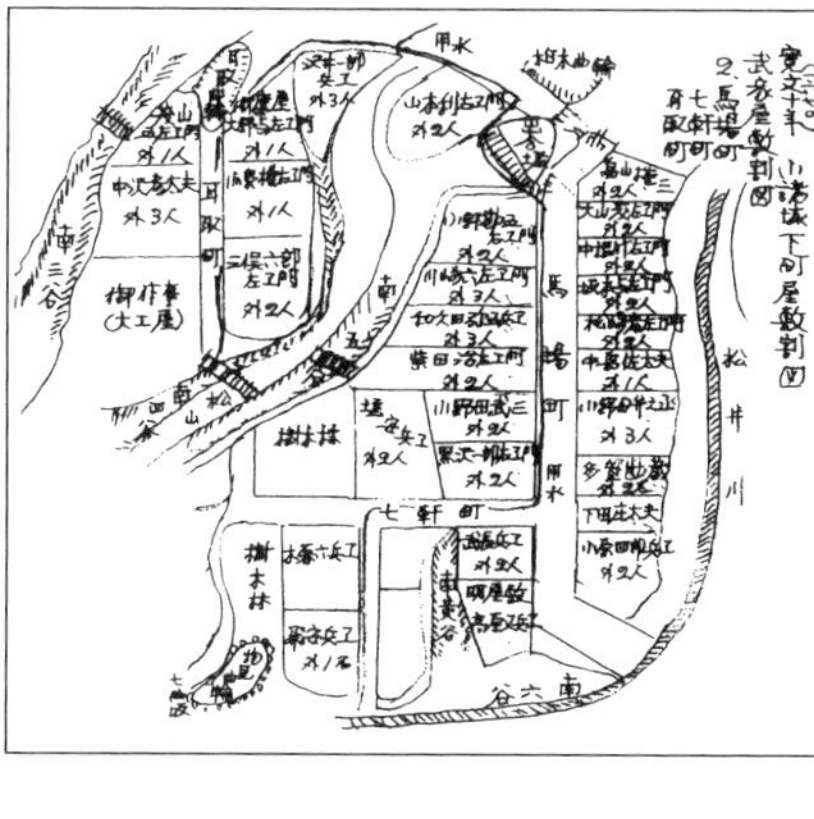

寛文絵図

▼検地
土地の基本調査。農民の田畑を一筆ごとに測量し、生産性を米の収穫量に換算する。

以来、城下町の整備は、歴代の藩主によってなされたが、酒井忠能の検地の絵図にみられるように、小諸城下町の基盤づくりが完成されたものと思われる。

寛保二年(一七四二)の水害によって、町並みが流失・全壊する大災害にあったが、見事に復旧し、今日を迎えている。

現在の町並みもその原形をとどめ、約四百年の星霜を経た城下町である。見事な歴史の歩みといえる。

町人町(町人屋敷)

①与良《よら》町

小諸城下町の与良町は、北国街道の小諸宿四町の一つである。

寛文十年(一六七〇)「小諸城下町屋敷割図」によると、与良町木戸から荒町との境(垂井境)まで、三町五〇間(約四一八メートル)である。また延宝二年(一六七四)の絵図によると、三町五六間(約四二九メートル)の町並みで、辻番所一カ所、町屋三一軒、寺(長勝寺)一軒、十王堂一軒を数える。

町並みの特色は、全体に間口・奥行が大きく、間口一〇間以上の屋敷一七軒、三〇間以上の屋敷三軒を数える。他の三町に比較してみると、間口が広く、奥行も深く、なかには間口四七間という屋敷もある。

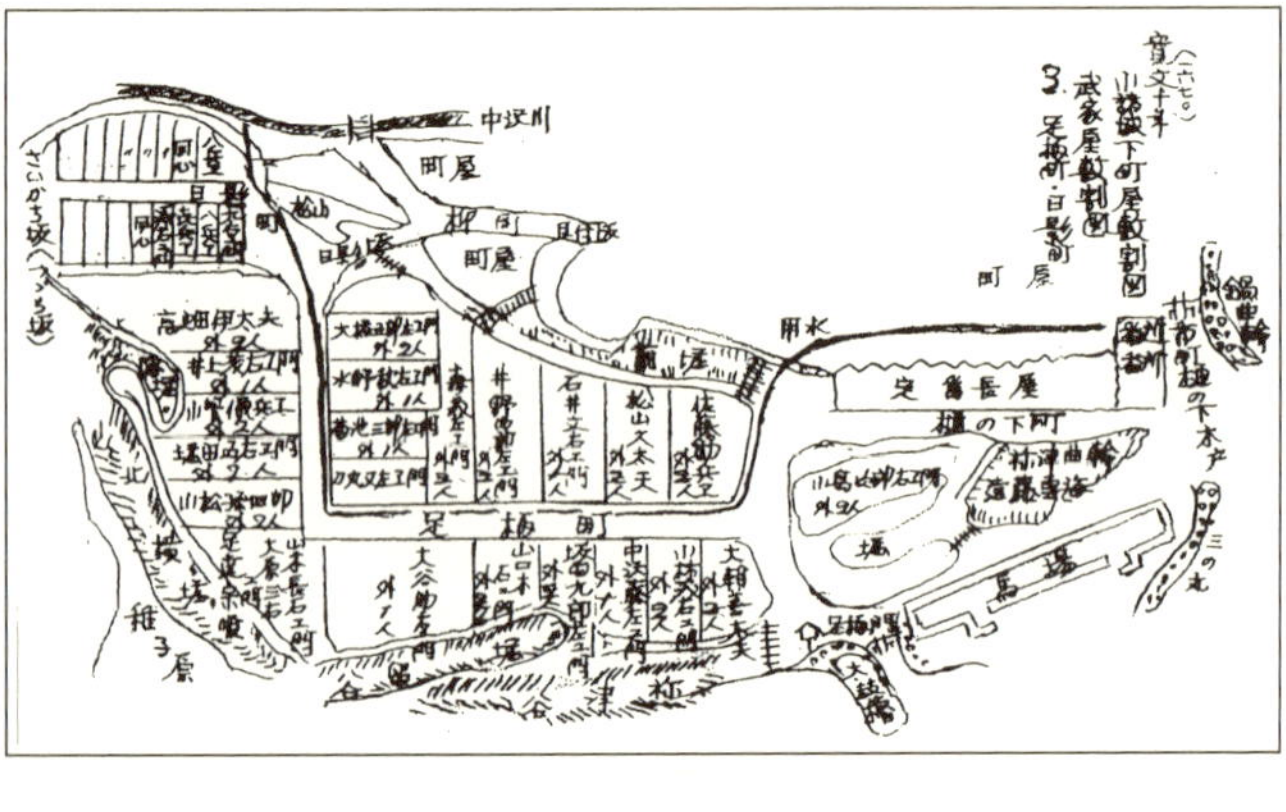

寛文絵図

脇小路として、西側に神明《しんめい》小路・下畝小路（与郎作小路）・薬師小路があり、荒町との境、垂井境（飴屋小路）が絵図に見え、東側には大日小路（与良山路）・熊野小路（薬師小路）がある。これらの脇小路には屋敷もなく、街道から入った東側は、作場（田畑）や山林となっていた。

②荒　町

小諸城下町の荒町も、小諸宿四町の一つである。

寛文十年の「小諸城下町屋敷割図」によると、与良・荒町境（垂井境）より本町境まで、五町六間（約五五六メートル）の町並みである。番所二カ所、町屋六二軒、脇屋敷二五軒（延宝二年〈一六七四〉の絵図では二〇軒）のほか、寺屋敷五（仏光寺・全宗寺・海応院・宗心寺・光岳《こうがく》寺）、神社二（八幡社・熊野社）、町屋、脇屋敷合計八七軒となる。

脇小路として、西側に垂井境（飴屋小路）・赤坂口・籠《ろう》（牢）屋《や》小路・袋町口などが絵図にみえ、東側には八幡小路（西小路とも）と紺屋町（山道）があった。八幡小路と紺屋町には、脇屋敷として二五軒があった。

町並みの特色は、町並みは長さが約一三〇メートル余、与良町よりも長く、屋敷数も与良町の二・八倍となっている。

間口・奥行は与良町と比べると規模が小さく、間口一三間を最大とし、それも二軒を数えるだけである。ほかはほとんどの屋敷が間口七間から一〇間の屋敷割

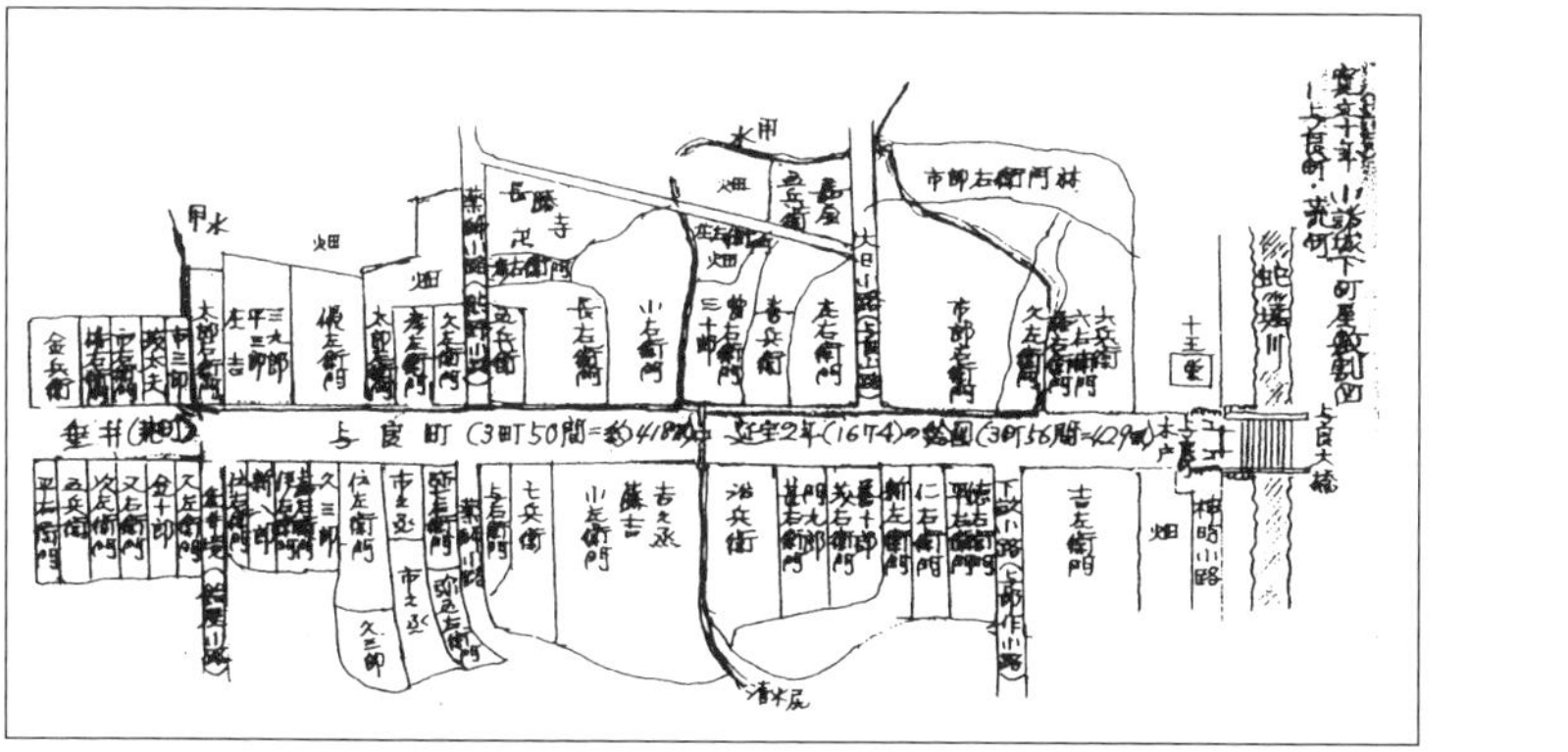

寛文絵図
小諸城下町

になっている。奥行は二〇間内外で、東側には寺屋敷があって、紺屋町口から袋町口にかけて東西そろった区画になっている。これは荒町の特徴ともいえる町並みである。

武家屋敷への入口である赤坂口木戸と袋町口木戸には番所がおかれて、出入りの人や物資に警備と治安の日が続いた。

紺屋町口の反対西側には籠屋小路（現在の旭町）があって、小諸藩の獄舎・籠屋屋敷の入口となっていた。更に袋町口まで、街道の西側の家並みの西は、大深《おおふけ》といわれ（現在の市役所南庭）、往古は大沼で葦などが生え、狼なども棲息していたという。また車屋三軒などがあった、と古書が記している。

荒町は、三回にわたる火災に見舞われた城下町である。寛政五年（一七九三）の大火では、幅二町余、長さ五町余の西側が残らず焼失し、九九軒を焼き、焼野原となった。家並みや屋敷割も長い歳月を経て、変化しながら現在を迎えている。

③本　町

小諸城下町の本町も、小諸宿四町の一つである。

寛文十年の「小諸城下町屋敷割図」によると、荒町との境（光岳寺前の松井川）から中町境までは四町五間（約四四五メートル）であり、屋敷数六九軒、脇屋敷（六供・田町）二五軒、寺一〇（宝徳寺・円蔵院・円光院・明王院・太子堂・地蔵院の六供六坊と、成就寺・託応寺・尊立寺・実大寺）、社一（祇園《ぎおん》社）

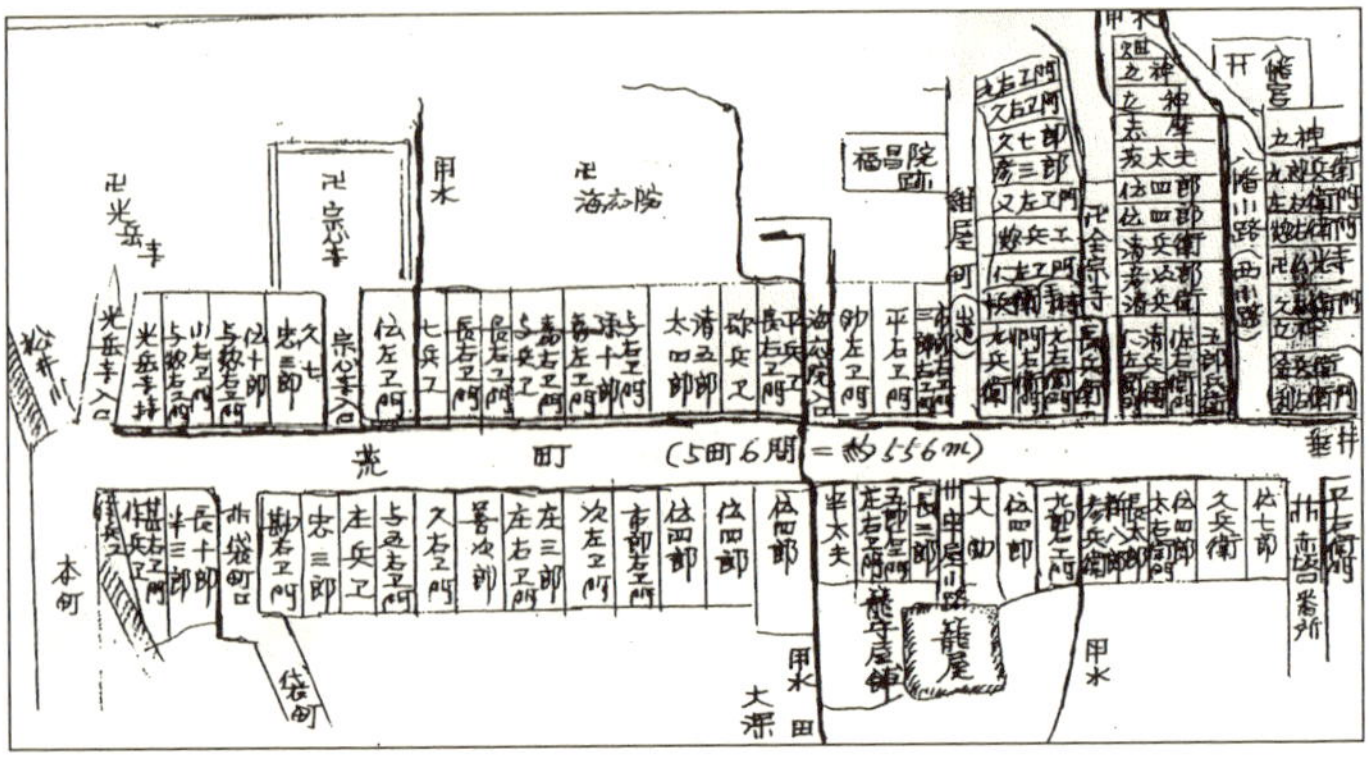

寛文絵図

があった。さらに本町中町境から横町境までは一町（約一〇九メートル）で、屋敷数は二二軒である。

本町は総延長約五五四メートルとなり、屋敷数は計九四軒、総計で一一六軒の町並みである。

北国街道に沿った本町の家並みの特色は、間口五間前後（約九メートル前後）が中心で、一〇間前後は四～五軒を数える程度である。本町の町割は、荒町より更に狭く区切られている。これは御伝馬役《ごてんまやく》★とも関係があって、広い間口をとらなかった理由である。

奥行は、街道の北側中沢川端までは三〇間前後（約五五メートル）であり、本陣の長作家三六間（約六五メートル）が最長である。南側の奥行は、城内の新馬場までは二〇間前後（約三六メートル）である。総じて細長い家並みといえる。

江戸時代の初期には、庄屋（名主）・町年寄《まちどしより》・百姓代《ひゃくしょうだい》などの町役人が選ばれ、町役人らは、町奉行のもとで町政を担うようになった。

町政に参加できる町人身分は、地主や家主に限られ、屋敷の間口に応じた地子《じし》（地代）のほかに、営業に対して運上金《うんじょうきん》・冥加金《みょうがきん》などの雑税が課せられた。しかし、地子は城下町の繁栄を図るため免除されることが多く、負担は農民より軽かったので、なかには富をたくわえる者も現れた。

屋敷を借りる地借《じがり》・借家・店借《たながり》とよばれる下層の町人がしだいに増加していっ

▼伝馬役
宿場で人馬を用意する役目。

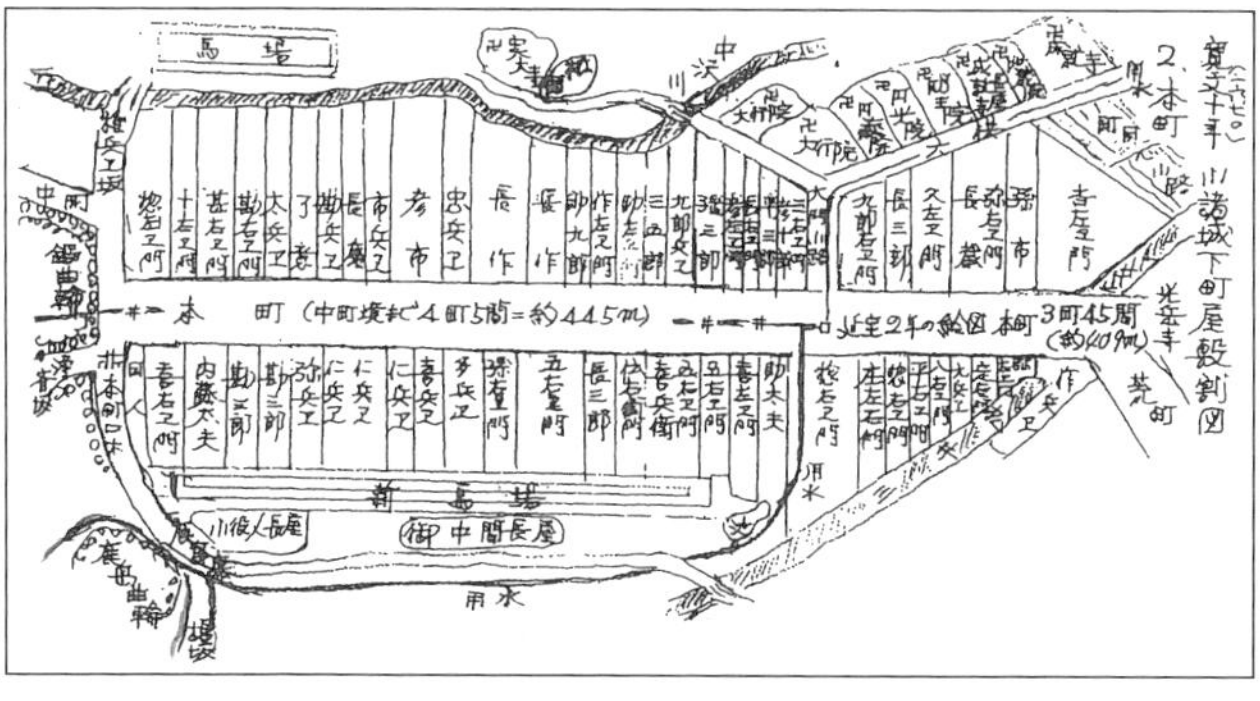

寛文絵図
小諸城下町

た。

町役人に町政を任せて、年貢や雑税の配分・徴収と治安などにあたらせるとともに、五人組を編成し、相互に監視させ連帯の責任をとらせて、巧みに支配した。

五人組制度は江戸時代の庶民の隣保組織であり、江戸幕府の成立後まもなく、キリシタン禁止や浪人取締りなどの警察的な目的で、強制的に施行し制度化したものである。

組織は村方では惣百姓、町方では地主・家主の五戸一組を原則とし、その長を五人組組頭《くみがしら》とよんだ。

組の機能は、キリスト教徒や犯罪人を相互監視によって防止・告発することにあり、これに対する連帯責任が負わされ、また貢納の確保などにも利用された。のちには藩主の意志伝達機関となったり、五人組仲間の相互扶助の働きに重点がおかれるようにもなった。

俗に「戌《いぬ》の満水」とよばれる寛保の洪水は、寛保二年（一七四二）七月二十九日から三十日にかけて、東海道から関東地方・東信濃を襲った大洪水である。風を伴った雨により、八月一日・二日に至って諸川が出水し、各地に水害が続出した。

連日の雨で地盤がゆるんで崩れ、一時に泥水を押し出し、土石流となって川筋の六供・田町をたちまちにして押し流し、本町の両側を一呑みにして城中に殺到

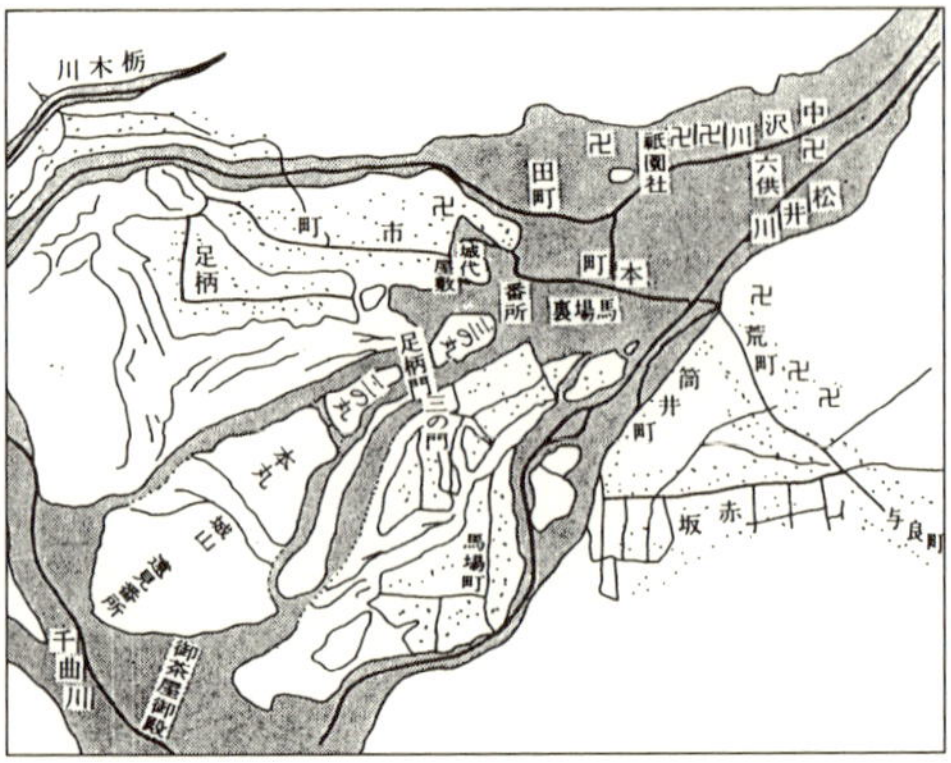

中沢川・松井川の洪水被害区域図（黒の部分が被害区域である）

した。
三の門・櫓・足柄門などが流失し、藩主および家臣のほか、百姓・町人など領下に住む人々に、物心両面にわたって大打撃を与えた。流死した者は五百余人、潰れ家などは二五四軒にのぼった。

本町は市町とともに、宿駅伝馬《てんま》制になってから、小諸宿の中心的な宿場として発展した。街道の北側ほぼ中央に本陣屋敷（長作家）と、やや西寄りに本町問屋屋敷（彦市家）があり、問屋の南側には高札場《こうさつば》が設けられていた。また、本陣の南側には、本町庄屋屋敷（五右衛門家）の家並みがあった（寛文十年絵図を参照）。

しかし寛保二年の洪水によって、問屋・本陣は休役となり、そのため宿場の機能は市町に移転した。

祇園神輿と神事芸――祇園神輿は、小諸太郎光兼より約八百年、大井光忠の御城立てより約五百年、仙石秀久より約四百年の歴史と伝統をもつ。祇園社（祭神は素戔嗚尊《すさのおのみこと》）の祭礼の折には神事芸のささら踊り・小室節が奉納され、藩主が見物したと伝えられる。

④市　町

小諸城下町の市町も、小諸宿四町の一つである。

中町と横町の境より市町境までは三五間（約六四メートル）あり、屋敷数三軒のほか、寺屋敷（養蓮寺）一があった。

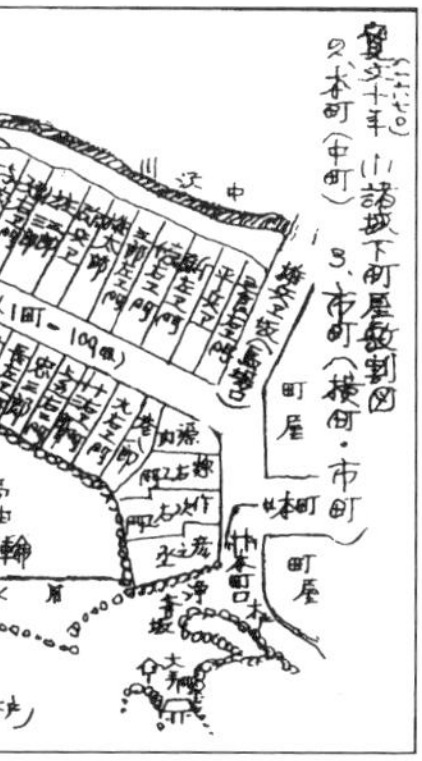

寛文絵図
小諸城下町

横町と市町の境より柳町境までは三町（約三二七メートル）で、屋敷数四〇軒、脇屋敷（裏町）一七軒の計五七軒、ほかに番所一がある。

木戸口より柳町の中沢川橋までは一町二二間（約一四九メートル）で、屋敷数は一五軒を数える。

中沢川橋より清水町（新町）末までは二町八間（約二三三メートル）で、屋敷数三四軒、番所一、神社（青木神社）一を数える。

市町の総延長は七七三メートル、屋敷数は計一二七軒となる。北国街道の北側は、間口一〇間前後の屋敷が中心であり、本陣屋敷は間口が街道側二六間、裏町側二七間、奥行二五間となっている。全体の奥行は二五間くらいを標準とする。

南側の家並みは、一〇間前後の間口もあるが、五～六間の家も多く、町割の区画は北側より狭い町並みとなっている。

裏町の間口は街道筋よりやや大きく、奥行も中沢川の土堤まであって本陣屋敷は三二間あり、二〇間以上の奥行をもつものも多い。

柳町は特殊な川沿いの地形のため、間口・奥行などさまざまである。

清水町は街道の北側も南側も間口六間で、奥行は北側一四間、南側九間から一六間である。市町全体は地形の制約から、さまざまな町並みがみられる。

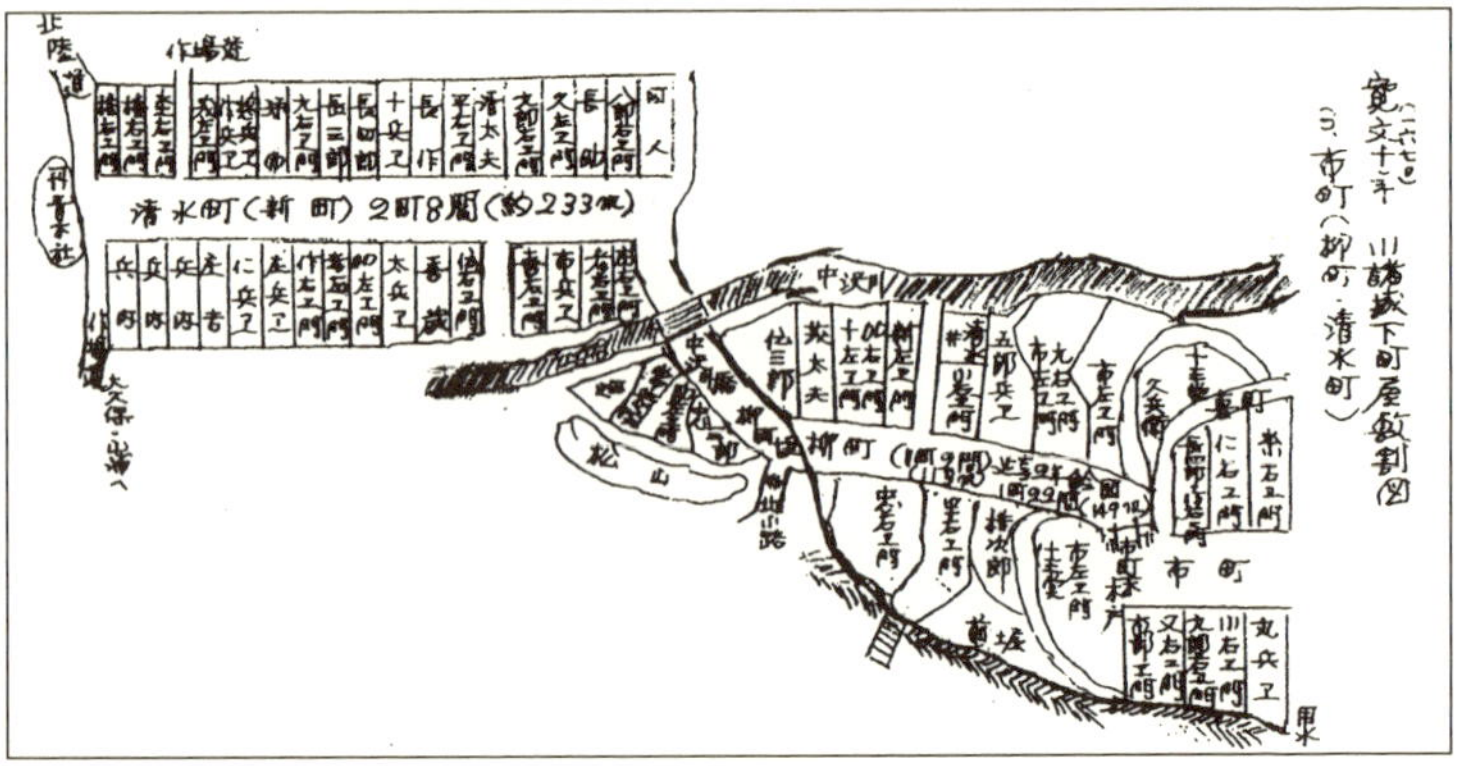

寛文絵図

城下町の消防と用水開削

①小諸四町の火消

元禄十五年(一七〇二)の『後鑑日記帳』によると、火消《ひけし》道具として市町・本町・荒町・与良町が同じ道具と員数であると記し、荒町は「小旗一本、高提灯《たかちょうちん》一張、水籠三〇、纏《まとい》五本、鳶口《とびくち》二〇本、梯子《はしご》二挺、右の通り備えつけ差上申候」と、元禄十五年十一月十八日に四町の問屋・庄屋が連印して、小諸藩御奉行《ごぶぎょう》に届け出ている。この文書は、牧野周防守《すおうのかみ》(牧野康重《やすしげ》)時代の「三町(四町)問屋庄屋年寄寺社山伏《やまぶし》医者火消道具書上」の中に記されているものであり、町人の力が充実して、火消や自衛のため残した足跡である。

右の小諸四町火消の纏★は、文政六年(一八二三)の「本町日記留」(本町・山浦文書)にも記されているもので、すでに元禄十五年には、小諸四町にこのような纏が五本常備されていたことになる。

しかし「本町日記留」には「火の番の儀につき四町寄り合い申し候。その節火消支度一町にて目印つき候半纏《はんてん》・頭巾一五人前づつ評義に及び決り申候。その節初めて右様とり決め申候。これまで一切これなく候」とあるので、「火消支度」は文政六年頃から、用意されたものともうけとれる文書である。

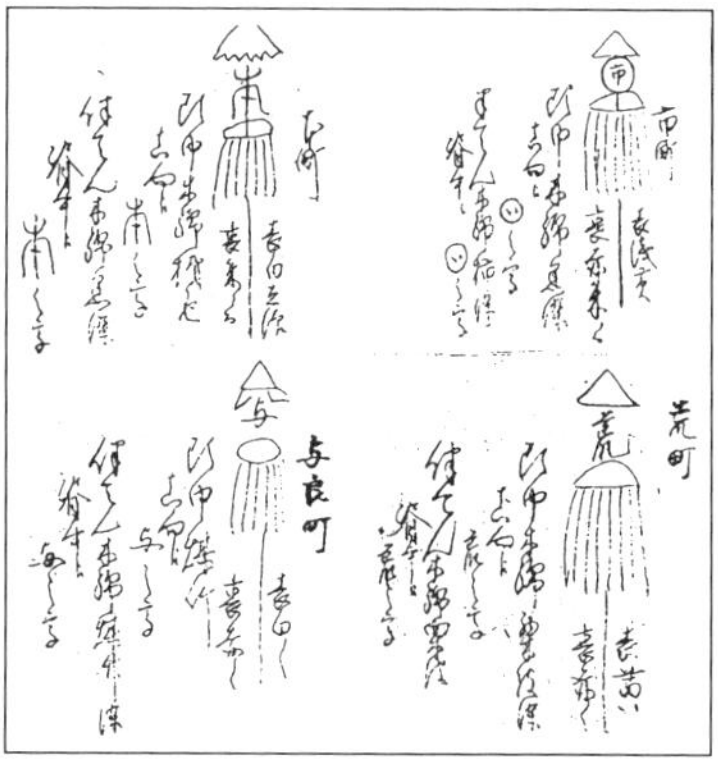

纏（「本町日記留」より）

▼火消の纏
江戸時代以降、火消が各組の目印として用いたもので、竿の先に作りものをつけ、その下に馬簾を垂らしたもの。

纏には、真っ向（正面）に「市」「本」「荒」「与」と町名の頭文字を目印として入れ、市町の纏の表は浅黄、裏は赤、本町の表は白、裏は赤、荒町の表は黄、裏は赤、与良町は表は白、裏は赤としている。

頭巾は、市町は木綿で真っ向に「㋑」の字を、本町は木綿で「本」の字を、荒町は木綿で「荒」の字を、与良町は煤竹《すすだけ》色で「与」の字をそれぞれ入れて目印とする。

また半纏《はんてん》は、市町は木綿柿染で、背中に「㋑」の字を、本町は木綿黒染で、「本」の字を、荒町は木綿栗染で、「荒」の字を、与良町は媒竹染で、「与」の字をそれぞれ入れる。

小諸四町の町人たちの自治活動の大事な一面を示す史実であり、荒町の火災などの災害の歴史をふまえた、小諸城下町の防災対策である。

城内においても「御家中火事出役《しゅつやく》規定」（足柄町・角田家文書）によって、城郭や御家中の火災対策の組織がつくられたことが知られる。装束には牧野氏の裏紋「五間梯子」の目印が入れられた。

②城下町の用水開削

小諸城下町を流れる川は、西に中沢川・松井川が、東に蛇堀川がある。いずれも浅間山系の伏流水で、自然流として高き所より低き所へ何の変哲もなく、間断なく流れている。それは飲み水として、生活用水として、また田地用水として往

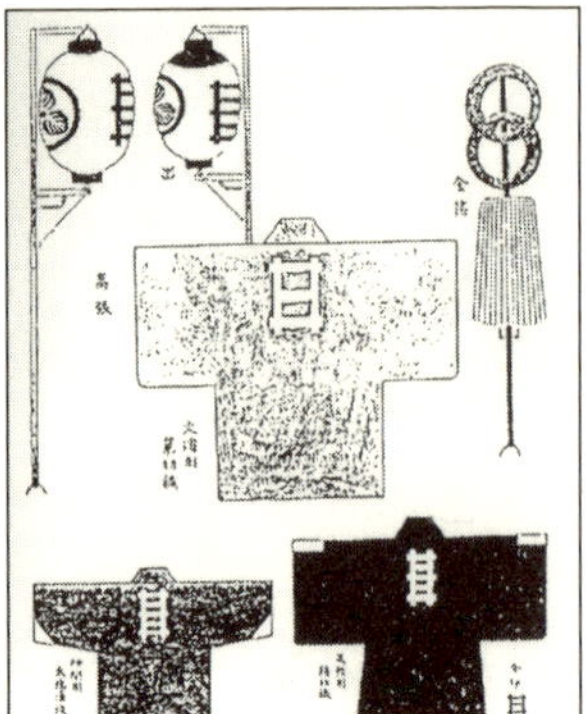

半纏
（「本町日記留」より）

古から使われたものであるし、また水車の動力として利用されてきた。生活するのに必要不可欠な用水の開削には、それぞれの領主が意を用いたことと思われる。『仙石家譜』によると、「今年（慶長元年〈一五九六〉）小諸外郭の隍（濠）を掘らせ湯ノ丸より水を注ぎ……」と、用水開削のことを記している。また、『小諸温故雑記』という史書には、「中沢川の源は小姓という所より湧出する清水にて、小諸城内、本町・市町の用水なり。いかなる旱ばつにも水枯るることなし」とあって、小諸城内や城下町の本町や市町の用水開削のことが、具体的に示されている。

浅間山系の伏流水、滾々と流れ下る流水を中沢川から取水して飲み水のほか、生活用水・田地用水として水路を開削した証の絵図には、城内や城下の水利に配慮した縄張がみられる。御用水は数条に分かち飲用水に供したもので、外郭の守りである曲輪・武家屋敷と町人町を抱え込むように水路を開削したことは、小諸城下町の大きな特色ともいえる。

北国街道（本町）の中央に用水が流されており、その水路は樋で蓋が架けられていた。絵図には、本町一七カ所に井桁の囲いの印が記されている。

途中、馬場裏の池へ、更に鹿嶋曲輪から三の門を経て水櫓へ、そして御台所へと水路は続く。御台所用水は、「枡寸法無之」と優先された。

一七カ所の井桁には柄杓《ひしゃく》がおかれ、旅をする人馬の喉を潤し、また生気を与

用水開削の絵図
（山浦家文書「本町日記留」より）

える役割を果たしたものであろう。また、街道沿いの町屋の人々は水桶に汲んで運び、台所の水瓶に入れて飲み水や生活用水とし、時には防火用水（天水桶）の役目もしたものであろう。

寛保二年（一七四二）の「戌《いぬ》の満水」によって、水路は破壊されたが、その後の町並みの復興にあわせて、用水も復興された。城内・城下に住む武士や町人・百姓の生活に、日々寄与したものと思われる。

明治十一年（一八七八）明治天皇の北信越御巡幸《ごじゅんこう》に備えて、本町の中央にあった用水路は両側に移転する。源泉小姓（野間取）の水源を使って近現代の上水道が大正十三年に開削通水し、江戸期より使われた用水路はその任を終えた。開削以来約三百三十余年の歴史である。奇しき因縁というべきか、四百年前の水源を共用する現在の小諸人である。

④ 明治維新の廃城

王政復古によって武家政治は終焉となって版籍奉還し、廃藩置県によって長野県に編入。建物は入札競売によって民間に払い下げられ、小諸城跡は懐古園となり、訪れる文人墨客の歌碑・句碑も多く、懐古の情をかきたてる公園である。

廃城の経過

前述したように、長享元年(一四八七)大井光忠《みつただ》がのちの大手口付近に築いた鍋蓋城が、小諸城の起源といわれる。その子光為(光安《みつやす》)は、さらに支城乙女城をのちの二の丸の丘陵に築いた。天文二十三年(一五五四)武田信玄が攻略したのち、乙女城を拡張して鍋蓋城をも取り入れ、西南に千曲川、北西に中沢川、東南に蛇堀川を控える丘陵上に本丸・二の丸・三の丸を東西に築いた。自然の谷を巧みに利用した城郭であり、家臣を城代《じょうだい》や城主とする。

弘治二年(一五五六)武田信豊《のぶとよ》が城主となる。天正十年(一五八二)武田氏の滅亡後は、織田信長の武将滝川一益《かずます》に属するが、同年の本能寺の変により一益は撤退する。その後は徳川家康に属し、依田《よだ》(松平)康国《やすくに》が城主となる。

天正十八年、徳川家康の関東移封により仙石秀久《せんごくひでひさ》が城主となる。秀久は慶長十九年(一六一四)にかけて修築し、大手門（四の門）などが建設され、城下は整備される。元和八年(一六二二)徳川秀忠《ひでただ》の三男忠良（忠長《ただなが》）の所領となったが、寛永元年(一六二四)忠良は駿府へ移封される。その後は、久松松平（憲良、断絶）・青山（宗俊）・酒井（忠能）・西尾・石川松平の諸氏を経て、元禄十五年(一七〇二)以降、越後与板藩の牧野氏が在城する。天守は、寛永六年頃に雷火で焼失したといわれる。

寛保二年(一七四二)の洪水で三の門や足柄門が流失し、明和二年(一七六五)頃に牧野康満《やすみつ》が再築する。

慶応三年(一八六七)徳川将軍が大政奉還し、新政府は王政復古を宣言する。小諸藩の版籍奉還は遅れること、明治二年(一八六九)である。

明治三年十二月、藩から城を破壊するに任せ、修理を加えないことを願い出て聴許される。明治四年七月、廃藩置県とともに小諸城は廃城となり小諸県となる。同年十一月、長野県に編入する。明治五年一月、兵部省の布達により、小諸城は東京鎮台上田分営長の乃木《のぎ》淳蔵（希典《まれすけ》）に引き渡された。小諸城の建物は、大手門・三の門・中仕切門・黒門・足柄門・銭蔵など、入札競売により払い下げされる。

牧野氏の菩提寺泰安寺と祈願所宝寿院は、他の寺に合併される。

明治六年三月、旧小諸藩主の内願の結果、小諸城跡は旧藩士に下付される。

小諸藩印
（「小山家文書」より）

明治十三年、旧藩士族会★は、三の門以内の城地の払い下げを受け、同年四月に公園として「懐古園」と名付け、本丸に牧野氏歴代藩主と天神《てんじん》・荒神《こうじん》を合祀して、懐古神社を建立する。

明治二十五年、城内にあった籾蔵を移築して小諸小学校の土蔵校舎とする。明治二十六年十一月、小諸義塾が木村熊二《くまじ》によって、耳取町の佐藤知敬《ともたか》家で開校する。翌明治二十七年九月から大手門（瓦門）を仮塾舎として使用し、明治二十九年耳取町に小諸義塾の校舎ができる。島崎藤村《とうそん》は、明治三十二年四月から同三十八年四月まで国語・英語の教師を務める。新しい校舎での六カ年の教師生活である。

明治四十二年、懐古園敷地の所有権を懐古神社に移し、公園の規模を拡張する。大正十五年（一九二六）、小諸町は、本多静六《ほんだせいろく》の指導の下に懐古園に遊園地・動物園を設けて公園として整備する。小諸駅拡張のための都市計画により、昭和二十四年（一九四九）二の丸北側を埋め立て（鹿嶋曲輪の砂を北谷・地獄谷に埋める。鹿嶋神社は懐古園内の雉子平に遷座し、新鹿嶋町が誕生した）、児童遊園地を造成した（その後遊園地を小諸城址の南三谷・南四谷に移し、現在は市営駐車場となっている）。

昭和三十三年四月、懐古園天守台の北、紅葉ケ丘の一隅に、東宮御所を設計した谷口吉郎技師のプランによる小諸市立藤村記念館が開設された。

▼旧藩士族会
現在、士族会はなく、昭和五十一年（一九七六）「宗教法人懐古神社」となり、「懐古神社崇敬会」という組織で、祭典や財産管理などにあたっている。

懐古神社

また、同年、宗教法人懐古神社付属の「小諸徴古館」を三の門楼上に開館し、昭和五十五年六月、三の門を入った南側に新館が落成し、移転した。新館は、旧城本丸御殿の唐破風《からはふ》を模して建造された。藩主の甲冑・武具・文書・書画・太鼓などを展示し、時代の要請にこたえて館内を充実させ、懐古の情をひもとく場となっている。

平成三年(一九九一)四月六日、大手門は所有者の大塚家(伊吉・重雄・節雄一族)から小諸市へ寄付される。

現況を要約して示すと、次のようである。

城址の二の丸内は懐古園(小諸城址公園)となり、天守台をはじめ主要部の石垣・空堀は現存し、懐古園は崇敬会が所有し、施設の保存維持や観光など市に委託している。

二の丸と三の丸の間はJR信越線(平成九年十月よりしなの鉄道)が貫通し、三の丸は小諸駅構内や市街地となっている。大手門とその両側の石垣が、人家の間に現存している。

•三の門——三間の櫓門で、寄棟《よせむね》造り・桟瓦《さんがわら》葺《ぶ》きである。左右に袖塀が付属し、矢狭間《やはざま》・鉄砲狭間がみられる。所有者は懐古神社。

•大手門——五間の櫓門で、入母屋《いりもや》造り・本瓦葺きである。旧扉板の断片一枚が残っている。所有者は小諸市。長野県小諸市相生町三丁目三番三号に所在。

小諸城三の門

この両門は、平成五年十二月九日、国の重要文化財に指定された。大手門周辺は、現在、歴史公園として整備し、慶長期の門は復元工事が行われている(平成二十年完成予定)。

懐古園の碑

小諸城の由来と歴史を記した碑は、多くの人の懐古の情によって建立された。

題額は勝安芳《かつやすよし》(海舟《かいしゅう》★)、
撰と書は中村正直《まさなお》で、明治十四年十月に建立された。

「懐古園の碑」の碑文(漢文)は以下の通りである。

「信濃国佐久郡小諸城は、東北に浅間嶽を負ひ、西南に千曲川を帯し、形勢雄偉なり。蓋《けだ》し要害之地也。文安享徳の間(一四四四〜一四五四)、大井伊賀光忠なる者有り、小諸・岩村田を兼領す。長享元年(一四八七)、既而地勢を相し、更に規画し此于築く。其の子光為(光安)の時に至り、克く父の志を成す。天文二十三年(一五五四)八月、武田晴信信州を攻め九城を陥る。小諸は其の一つ為り。大井美作守光照始て此に住せし自《より》、是に至る三世九十余年而亡ぶ。天正十年(一五八二)武田氏亡ぶ。織田氏、北条氏更に此の地を占拠す。何《いず》くも無く、二氏亡ぶ。

小諸城大手門

▼**勝安芳(海舟)**(一八二三〜一八九九)江戸末期の幕臣、明治期の政治家。江戸の人。蘭学・兵学に通じる。万延元年(一八六〇)遣米使節を乗せた咸臨丸を指揮して太平洋を横断。海軍操練所教授として諸藩の人材を育成。幕府海軍の育成に尽力。征東軍に対し旧幕府側を恭順に導き、西郷隆盛と会見し江戸開城したことは有名。維新後は海軍卿・枢密顧問官などを歴任。

豊臣氏興る。是の将仙石秀久功を以て、封邑五万石を此于食む。豊臣氏亡びて後、地徳川氏に帰す。迭に此れを領せり。

元禄十五年(一七〇二)九月、越後与板の城主、牧野周防守康重、封を此于に移し、遠江守康民に至る。

明治二年(一八六九)十二月、諸藩に同じく茅土を朝於納む。此の地や北国往還之大道に為る。今に至り戸数一千三百二十余、人口六千三百六十余あり。牧野氏一〇世相襲し、一六八年之久しき封内虞無く、四民業を楽しみ、休養生息、上下相安し。藩王之恩沢其れ懐は不る可けん乎。

廃藩の後より、城郭頽壊し鞠して茂草となる。旧藩士族過る者、黍離之感無き能はず。因て相謀り、金を醸し城墟之地を以て、公園と為し、一祠を置き、藩侯累世之霊を祀る。植うるに花木数百株を以てし、名づけて懐古園と曰《い》ふ。

蓋し人勤むれば則《すなわち》暇あり。暇あれば則遊ぶ。遊べば則楽しむ。楽しめば則思う。思へば則勤む。展転已《や》まず。週而始に復る。

此の園に遊ぶ者、勤勉之暇を以て、花間を徜徉し、以て楽まず。則必其の楽之由て生ずる所を懐ひ焉。則必父祖之徳を懐ひ焉。則必旧君之恩を懐ひ焉。則必昇平無事之沢を懐ひ焉。則必古昔乱離之苦を懐はん焉。苟《いやしく》も能《よ》く此の如ければ、則職業を勤め以て、報効を図らざらんと欲するも其れを得べし乎。

善哉、諸士之懐古を以て、此園に名也。今茲諸士胥謀り碑を立て、余に文を為

懐古園の碑

り以て其の由を記するを請ふ。余乃系に辞を以てす。曰く。
人皆業有り、克く労し克く勤むれば、其の寝夢みず、其の楽み浩然たり、花を看て鳥を聴き、綽然として余り有り、憂苦自ら取る、彼の懶夫を哀れむ。
明治十四年十月
　　正四位　勝安芳　　題額
　　従五位　中村正直　　撰并書」
（裡　碑石　塩野村中）

懐古園内の歌碑と句碑

多くの人々の歴史散歩、古城を愛でた文人墨客などは数知れず、その足跡が歌碑・句碑として建立され、訪れる人の懐古の情をかき立てる。以下に、その佇まいを知るよすがとして記す。

① 木村熊二《くまじ》（小諸藩初代の仙石家の儒臣桜井一太郎石門の次男、一八四五～一九二七）のレリーフ

木村熊二は、但馬《たじま》国出石《いずし》藩に生まれ、安政元年（一八五四）父石門の高弟木村琶山の養子となる。

アメリカに留学し、キリスト教の牧師となる。東京で教師として英語などを教

木村熊二レリーフ

え、教育事業に尽力する。明治二十六年（一八九三）南信への伝道のかたわら、小諸義塾を開き塾長となる。鮫島晋（数学・物理化学、越後高田出身）、三宅克己《かつみ》（図画、徳島県出身）、丸山晩霞《ばんか》（図画、小県禰津出身）、島崎藤村（国語・英語、木曾郡山口村出身）、井出静（幹事・漢学、小諸藩出身）、渡辺〈佐野〉（歴史・地理、九州柳川藩出身）、土屋七郎（植物）などを教師として招いた。

「われらの父木村熊二先生と小諸義塾の門弟（十三年間に塾生五二四名卒業並に有志。島崎藤村書　昭和十七年」。南の丸の石壁にある。

②　若山牧水《ぼくすい》歌碑★　二の丸に登る石段の左の石に刻まれている。

歌集『路上』から。

かたはらに秋くさの花かたるらく
ほろびしものはなつかしきかな

③　貞明《ていめい》皇后歌碑　二の丸番所跡にある。

貞明皇后（大正天皇の皇后）行啓記念碑の裏に歌が刻まれている。

夏の日のながき日ぐれし桑畑に
桑切る音のまだたえぬかな
昭和二十四年（一九四九）六月十九日

④　東宮行啓記念碑　二の丸番所跡にある。

〈表〉東宮（のちの昭和天皇）駐駕の処

▼若山牧水（一八八五～一九二八）牧水調といわれる歌風を築き、自然主義歌人として活躍した。明治四十三年（一九一〇）、小諸市新町の田村病院の二階に滞在し、地元の歌人と親交した。昭和九年（一九三四）建立。

若山牧水歌碑

貞明皇后歌碑

〈裏〉大正十二年（一九二三）八月二十二日
東宮の小諸城跡を訪い給う時、御ともつかへまつりて。入江為守の歌。
千曲川古城にそひていにしへを
かたりがほなる水の音かな

⑤ 一師二友の歌碑 藤村記念館の前庭にある。
〈表〉師匠 太田水穂《みずほ》★
〈裏〉門下 土屋残星《ざんせい》★
〃 宮坂古梁★

此の夕べ外山をこゆる秋風に
椎もくぬぎも音たてにけり 水穂
高らかに歌ひつづけむ大らかに
人をも身をもたたへんと思ふ 残星
しら雪にあけぼの匂ふ浅間山
けむりしずめて高くそびゆる 古梁

――昭和二十五年八月、梅ケ丘に建立されたものを記念館前に移建した。

⑥ 酔月城花紅句碑 本丸入口の左奥の石垣にある。
小諸藩主牧野氏三代牧野康満侯
頓亭花に 名のたつ山や 初霞

一師二友の歌碑

▼**太田水穂**（一八七六～一九五五）
東筑摩郡広丘村出身。教師をしながら歌道にいそしむ。新古今的表徴主義を主張し、長野県下の歌壇で活躍。昭和二十三年（一九四八）、日本芸術院会員になる。歌集『雲鳥』『日本和歌史論』。

▼**土屋残星**（一八八九～一九一九）
北佐久郡大里村西原（現小諸市）出身。小諸義塾入学。太田水穂と出会い門下となる。若山牧水や島崎藤村と交友し、歌壇で活躍した。『裾野の雲』の著者。三一歳で没。

▼**宮坂古梁**
歌人・小諸町長。小県郡県村本海野出身。小諸城址の保存に尽力する。太田水穂の門下となり、短歌の創作に専念し、水穂主宰の雑誌『潮音』の幹部同人顧問となる。歌集『千曲川』『鯉』がある。

⑦　佐々木如水《じょすい》の碑　懐古神社の参道左にある。

碑文（省略）最後に、辞曰く。

　三尺の石　一首の歌　之を不朽に伝う　山の如く川の如し

明治十年立秋

礫川散人　白井篤治★　撰

泥舟《でいしゅう》真逸　高橋精一★　書

従五位　山岡鉄太郎★　題額

　天地の寄あひのきはみ魂は

　すめらみ国に仕てしがな

　七十七　如水叟（花押）

佐々木如水の碑

勝海舟は、地位の低い旗本の山岡鉄舟《てっしゅう》が、非凡な人物――剣道に達し、禅の修養を積んだ気骨のある人物――であることを見抜き、かねて互いに尊敬しあっていた西郷隆盛（南洲《なんしゅう》）に手紙を書いて山岡に託した。山岡鉄舟は、勝海舟の手紙をもって、駿府（静岡）の大総督府に西郷参謀を訪ねた。

西郷隆盛は、山岡をしばらく待たせて参謀会議を開き、東征大総督（総裁）有《あり》栖川宮熾仁《すがわのみやたるひと》親王の承認をえて、将軍徳川慶喜《よしのぶ》の謝罪条件をめぐり激論した。結局、慶喜の水戸謹慎という恭順の方法で、西郷隆盛と勝海舟が談判し、江戸城の

▼**白井篤治**
江戸湯島学問所教授。江戸小石川に、私塾日新堂を開いた学者で北窓と号した。

▼**高橋泥舟**（一八三五～一九〇三）
江戸末期の幕臣。名は政晃。泥舟と号す。槍術の名人。講武所教授。文久三年（一八六三）浪士取扱に任ぜられたが、浪士が尊攘派志士と通じたことで免職。鳥羽・伏見の戦後は、恭順を主張。徳川慶喜の身辺にあって護衛。勝海舟・山岡鉄舟とともに幕末の三舟といわれた。

▼**山岡鉄舟**（一八三六～八八）
幕末・明治期の政治家・剣客。通称鉄太郎。千葉周作に剣を学び、のち講武所剣術世話心得となる。明治元年（一八六八）精鋭隊頭。戊辰戦争に勝海舟の使者として静岡に行き、西郷隆盛と会見し、江戸開城についての勝・西郷会談の途を開く。維新後新政府に仕え、侍従・宮内少輔などを歴任する。

開城が行われて決着した。

懐古園本丸跡の二つの石碑を通して、奇しき因縁で、幕末の勝海舟・山岡鉄舟・高橋泥舟の筆蹟「三舟《さんしゅう》」の筆がそろい（三筆）、江戸幕府の終焉に直結する文化遺産となった。

武家政治の終息と新しい明治維新誕生の史実が、信濃の小諸藩の旧本丸跡で、二つの石碑を見ることによって語られる。また、二つの石碑の佇まいは奇勝であり、数奇な運命を示唆するともいえる。

⑧　牧野耕雨句碑　　懐古神社の南にある。
牧野氏十一代藩主の家督相続者、牧野康強（耕雨）の句碑である。

　秋立つや大樹の上の流れ雲

⑨　臼田亜浪《うすだあろう》句碑★　　馬場の東南にある。
昭和二十二年五月八日建立。
　雲散るや
　千曲の川音
　立ち来り

⑩　高浜虚子《きょし》句碑★　　馬場西の城山入口にある。
平成元年三月十二日建立。

〈昭和二十年四月十四日詠〉

牧野耕雨の句碑

▼臼田亜浪（一八七九〜一九五一）
北佐久郡小諸町新町に生まれる。一七歳で小諸義塾に学び、二〇歳で明治法律学校に入る。二四歳の頃、短歌を与謝野鉄幹に、俳句を高浜虚子に教えをうける。法政大学を卒業し、『西郷南洲言行録』を出す。のちに新聞記者となり、信濃史料編纂会を組織。『正伝真田三代記』を発行する。

大正三年（一九一四）十一月石楠社を創立。翌四年俳誌『石楠』を発行、長野県下の俳壇で活躍し、石楠句集の発行、各地に句碑の建立をする。

昭和十六年（一九四一）脳溢血のため静養。昭和二十一年『石楠』を復刊。『定本亜浪句集』のほか、俳句に関する著述が多い。

▼高浜虚子（一八七四〜一九五九）
俳人・小説家。伊予松山に生まれる。河東碧梧桐とともに郷土の先輩正岡子規に学び双璧といわれる。俳誌『ホトトギス』を主宰。小説も書いたが俳句に戻り、河東碧梧桐系統の新傾向句に対し、定型と季題の伝統のもとに「花鳥諷詠」を説き、大正・昭和の俳句の骨格を樹立。子規の革新の後をうけて五十年間、現代俳句を育てた。日本芸術院会員、昭和二十九年文化勲章を受賞する。

紅梅や
旅人我に
なつかしき

『佐久の文学碑』（宮沢康造著）から紅梅について引用する。

「昭和二一年八月発行の句文集『小諸雑記』には、句碑の句もこの中に書きとめられている。「紅梅」と題した一文の中に、

或る日のこと私は懐古園に杖を引いて見ると、其処に一つの紅梅があって、その蕾はもう既に赤くふくらんでいた。

「あゝ此処に紅梅がある」と私は思った。さうして紅梅を尋ね当てたことに満足を覚えた。必ずしも我が庭になくともいいのである。……（中略）……どこにでも気に入った紅梅さへあればいいのである。

紅梅や旅人我に懐しく

とこの句を掲げ、また同書の「小諸の浅春」の中にも、

いわゆる小諸の古城址なる懐古園に行って見る。満目ただ荒涼たる枯木ばかりのなかに、一本の紅梅の、蕾はまだ固いながらも、流石に春を忘れぬげに媚を呈せんとしてをるのに逢ふ。

紅梅や旅人我になつかしき

昭和十九年（一九四四）四月、小諸与良町の穀屋清右衛門の屋敷内（虚子庵）に疎開し、同二十二年まで四カ年生活した。その間『小諸百句』を詠み、地域の俳壇の振興に寄与した。近現代の俳句の巨匠といわれている。

臼田亜浪の句碑

高浜虚子の碑

としるしている。前句は末五「懐しく」と詠み、後句に「なつかしき」としている。句碑の句は、後句の自筆が刻まれたものである」。

⑪　草笛老人、横山祖道★の書句碑

武器庫の側に建立され、変体仮名を交えた独特の筆致で刻まれている。

　雲水乃
　草笛哀し
　ちくまがわ

横山祖道の書句碑

草笛の音色は、観光客に感動を与え、その後継者は今も草笛を吹き続けてガイドをしている。祖道の坐禅と草笛の場が懐古園で、青空寺として生涯を終えた。七二歳。小諸市の功労賞を受賞した。歌一首。

　烟立つ浅間嶺近き小諸なる
　み園の奥の笹やぶのもと

⑫　藤村★詩碑、千曲川旅情のうた

昭和二年(一九二七)七月二十四日建立。懐古園の馬場西隅にあり、銅板に陽刻しパネルにした詩碑である。

建碑の設計　有島生馬

▼**横山祖道**(一九〇七～一九八一)
宮城県登米市の出身。青年の頃俳諧を学ぶ。昭和十二年(一九三七)出家し、禅師として修行を積む。昭和二十三年、南佐久郡前山の貞祥寺で学ぶ。この間、多くの短歌を残し、病魔の回復を経て「独り立つもの最も強し」と恩念し、新しい修行生活をめざす。昭和三十三年から二十二年間小諸に在住。懐古園で修行しつつ、草笛を吹き続け、草笛禅師となる。

▼**島崎藤村**(一八七二～一九四三)
木曾郡山口村神坂の名主島崎正樹の四男末子として生まれる。本名春樹。幼少の時から漢学者の父に四書五経（四書＝大学・中庸・論語・孟子・五経＝易経・書経・詩経・春秋・礼記）を習った。明治十四年(一八八一)上京し、三田英学校に入学し、神田共立学校（のちの開成中学）に転校、木村熊二に英語を学んだ。明治二十四年明治学院卒業。在学当時木村熊二からキリスト教の洗礼をうける。その後、明治女学校英文科の教師、仙台東北学院の教師となる。短期間で退職して上京する。明治三十年、『若菜集』『一葉集』『夏草』を相次いで発表し、日本詩壇に新しい光を投じた。

長詩一篇　藤村の自筆により青銅パネル
鋳刻　高村豊周（青銅浮彫）
土木工事　造園師　鈴木安太郎
石材　大里村渓流中の大石（六〇〇〇貫）
寄付者　六二三名

藤村の「千曲川旅情のうた」は二篇ある。雑誌『明星』と『落梅集』に収録したもので、変体仮名を使い一一行に自筆したものを碑文に刻んでいる。三連の長詩で、第一連は午前を、第二連は日中、第三連は日暮れに主眼がおかれ、藤村流の丹念さがうかがえる。

千曲川旅情のうた

小諸なる古城のほとり
雲白く遊子かなしむ
緑なすはこべは萌えず
若草も藉《し》くによしなし
しろがねの衾の岡辺
日に溶けて淡雪流る
あたゝかき光はあれど
野に満つる香も知らず

小諸懐古園藤村詩碑

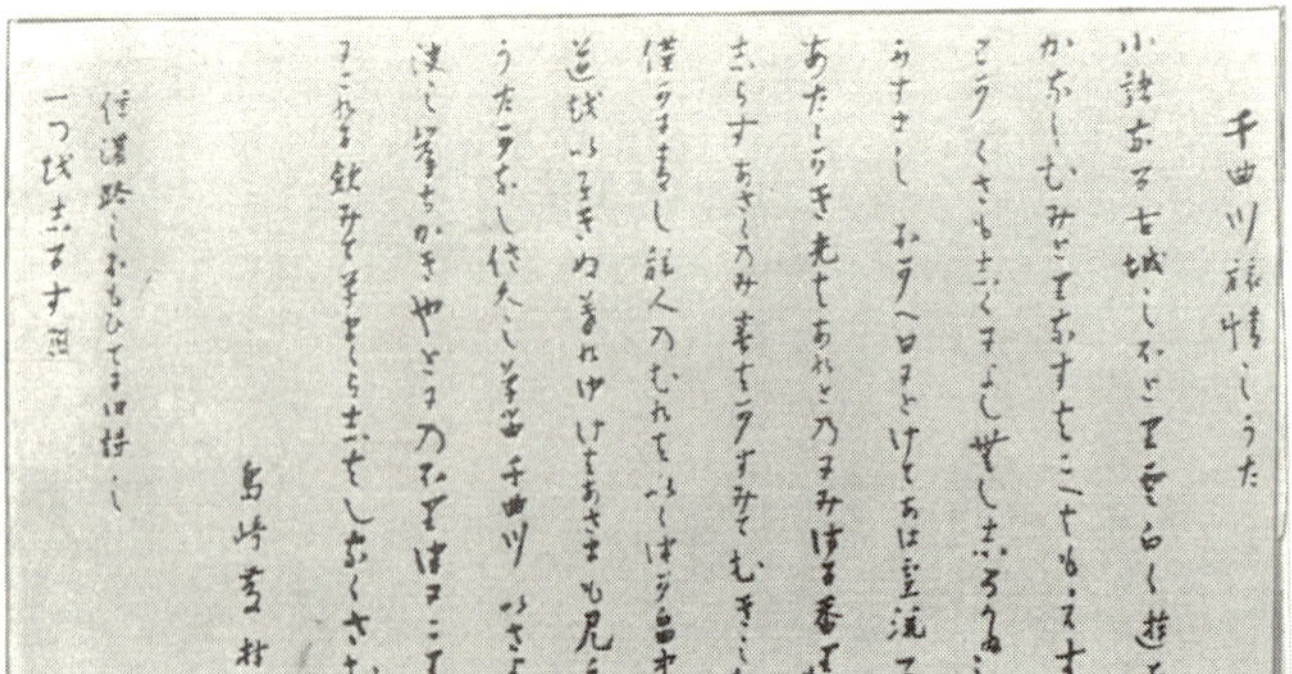

藤村自筆の鋳刻文

浅くのみ春はかすみて
麦の色わづかに青し
旅人の群はいくつか
畠中の道をいそぎぬ
　暮れ行けば浅間も見えず
　歌哀し佐久の草笛
　千曲川いざよふ波の
　岸近き宿にのぼりつ
　濁り酒濁れる飲みて
　草枕しばしなぐさむ
　　　　島崎藤村
信濃路のおもひてに旧詩の一つ越《を》しるす ㊞

藤村は、明治三十二年四月、旧師木村熊二に招かれて私立小諸義塾の教師となり、同三十八年四月まで六年間小諸に滞在した。この間「千曲川旅情のうた」「胸より胸に」など第四詩集『落梅集』を発表し、藤村詩の絶唱といわれた。この頃から小説に筆を染め『千曲川のスケッチ』の初稿を書いている。

明治三十九年、『破戒』を自費出版し、次いで自分の文学上の運命をかける決

島崎藤村（五〇歳）大正十年八月
浅間山講演会（小諸小学校講堂で）

心をして『春』『家』上下二巻も自費出版した。

大正二年(一九一三)フランスに渡り、同五年帰国、同六年『桜の実の熟する時』、同七年『新生』上下巻、『嵐』を次々と発表した。昭和七年(一九三二)『夜明け前』第一部、同十一年『夜明け前』第二部を、新潮社から刊行し、朝日文化賞が授与された。日本ペンクラブ会長・帝国芸術院会員に推され、文豪島崎藤村といわれるようになった。昭和十八年、『東方の門』を『中央公論』に連載し、八月、神奈川県大磯で永眠した。

小諸の藤村記念館には、詩から散文へ、更に小説へ移行した時期とされる、小諸時代の作品を中心に展示をしている。

⑬　臼田亜浪句碑（ふるさと句碑）　雉子平の鹿嶋神社鳥居の左手にある。

平成二年(一九九〇)十一月、山光会代表小林朴壬（邦人）建立。

郭公や
何処迄ゆかば
人に逢はむ　亜浪

〈裏面〉「ふるさと」　亜浪
ふるさとは懐かしい
ふるさとのうからやから
ふるさとの山、千曲！

臼田亜浪の句碑

ふるさとの川、千曲！
ふるさとは懐かしい

・浅間ゆ富士へ春暁の流れ雲　亜浪
・古を懐ひ出せばなかなかに　秋陽
・御園の桜かすてぞ見ゆ

⑭　懐古園詩情　三句

・古城址に古き井ある落葉かな　虚子
・懐古園虚子の紅梅咲きにけり　梯石
・蟻太り天主石垣高からず　秀子

小諸の祭りと浅間山噴火

祇園宮（健速《たけはや》神社）例大祭

祇園信仰千年といい継がれているが、健速神社はそのはじめ、祇園牛頭天王（素戔嗚尊）と称し、小諸城築城以前よりの神として、小諸太郎光兼殊に尊崇した神と言い伝えられている。

慶長の頃より城主仙石越前守秀久をはじめ、交代の諸侯、牧野侯に至るまで、皆深く尊敬され城祭祇園御祭礼と称している。

延宝三年頃の神輿は白木造りの四角で、あまり大きな神輿ではなかったようだが、現在地に遷したのは六角の神輿となる。

旱魃の時雨乞いに神輿を担ぎ出し、神社前を流れる中沢川をせき止めて川の中を練り歩き、雨が降るまで放っておいたと伝えられている。今でも神輿練りの最中に雨乞い名残の行事が行われている。

六角総欅造り漆塗仕上げ、釘は一本も使わず、麻のロープ締めで、屋根の上には擬宝珠（ぎぼし）をつけた立派な神輿である。

小諸市田町の健速神社例大祭の祇園神輿
（小諸市赤坂・佐藤良太郎氏提供）

浅間山噴火の記録

天明三年（一七八三）四月八日から始まった浅間山の大噴火は七月六～八日の大爆発で火砕流と溶岩流が北麓の村々を埋めた。死者は二万人以上といわれる。噴煙が日射量を減らし、天明の大飢饉の原因の一つになっている。その大爆発の記録が小諸には多く残っている。

「浅間山夜分大焼之図」（天明３年７月１日、６日、７日）
追分宿あたりからの眺望（小諸市八幡・美斉津家蔵）

第三章 小諸城の遺構と遺跡

遺構や遺跡の多い懐古の園の姿。

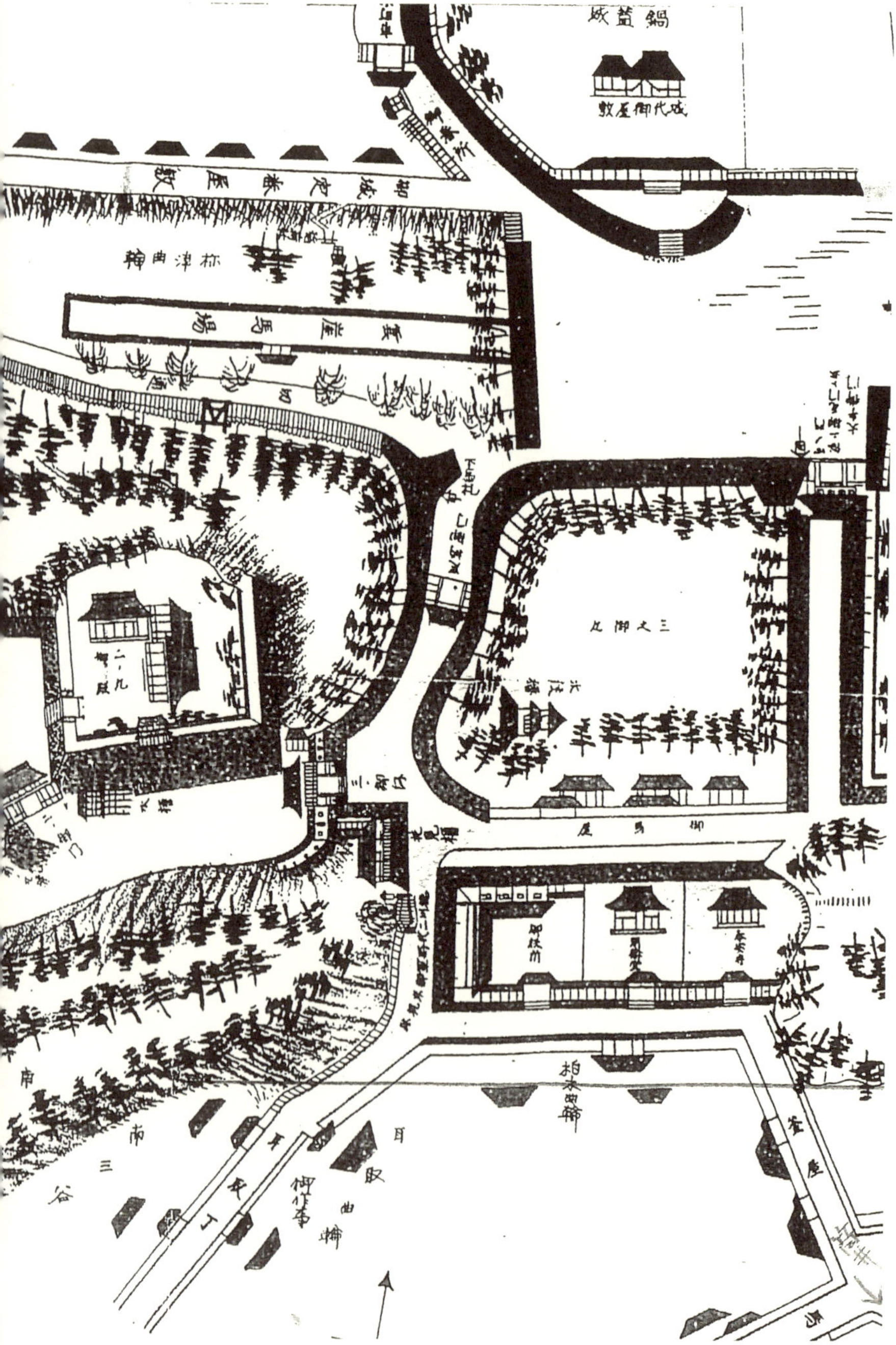
鍋蓋城
城代御屋敷
三之御丸
御馬屋
柏木曲輪

小諸城の図

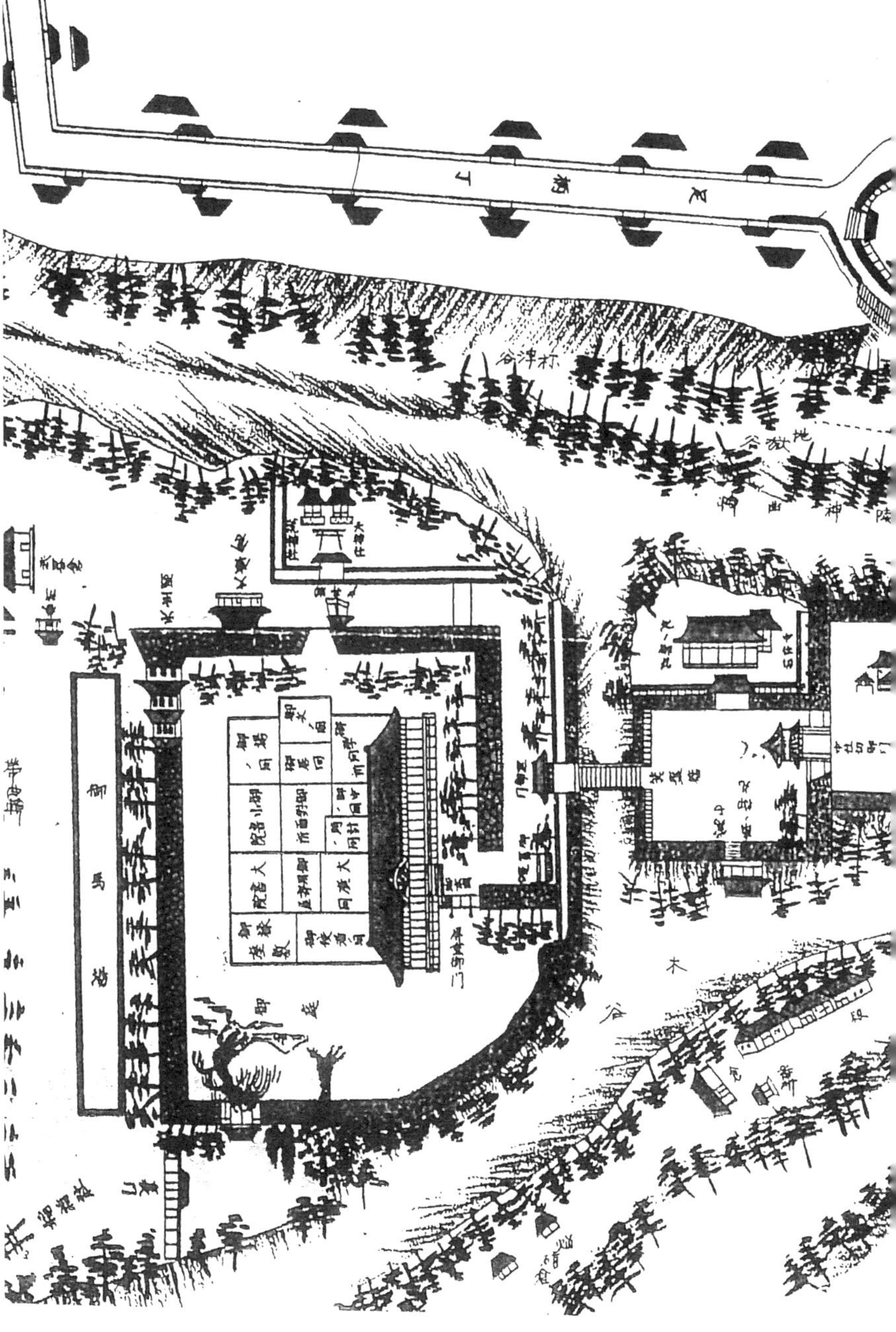

① 小諸城の遺構と遺跡

小諸城の城門・石垣などの建造物や小諸藩ゆかりの遺跡など、松・欅・楓などの老樹、ともに古城の面影を残し、春花秋月、夏の緑蔭冬の雪景、いずれも遊子の心を動かす。遺稿を残すものも多く、明治以後の古城址は文人墨客の群遊の国（懐古園）となっている。

城門

小諸城には、大手門・足柄門・三の門・御城米蔵《ごじょうまいぐら》門・二の門・中仕切《なかじきり》門・黒門・不明（開）門と八つの門が絵図にみられる。現状を維持した門について、その概要をまとめる。

①大手門（四の門で瓦《かわら》門ともいう）

近世初頭の大型の城門として日本の城門の発展過程を知るうえからも、貴重な歴史的建造物である（平成五年十二月九日、国の重要文化財に指定される。所有者は小諸市）。

五間の櫓《やぐら》門で、入母屋《いりもや》造り、本瓦葺き（丸瓦と平瓦を交互に組み合わせる）の豪壮な城門である。

一階は、桁行五間、梁行二間、正面中央大扉の鏡柱（欅柱）は六八・一七五センチ、四九・九五センチという豪壮な構えである。表二本、裏二本の柱がある。ほかに類をみない建造物で、まさに戦闘的な構えである。

二階は、出桁でその上に側柱を建てた櫓である。桁行七間、梁行三間で、畳敷の居館式の建造物である。

一階は門（大扉）の五間（櫓門）と戹扉《やく》（潜扉）一間の建造物である。渡り櫓下に物置（左右）があり、中二階の部分がある。

大扉は所在不明であるが、戹扉は現存し、鉄の入八双金具と隅八双金具がつけられ、頑丈な扉になっている。右手の石垣下に「下馬《げば》」札が立てられていた。

大手門は、近世城郭に普通用いられる渡り櫓（矢倉）の櫓門形式ではない。西の石垣の高さ二丈八尺（約八・四メートル）、東の石垣の高さ九尺（約二・七メートル）は力学的に関係がない。これは小諸城大手門の特色で、三の門とはまったく異なる城門である。

二階は、襖によって二室となる。書院風の様式であり、内法長押《うちのりなげし》・猿頬天井《さるぼおてんじょう》などの造作がみられる。

戦闘のための堅固な城門で、華美な装飾を省いた質実剛健な建造物であるが、二階は住宅風の形式をとりいれた居館式の要素をもつ。創建当時の気風が偲ばれる。

大棟西端の鬼瓦の面に「三州藤井、藤原氏十人　文化九（一八一二）申　八月吉

大手門

日」と刻まれており、何回か修復されたことがわかる。

平成十七年(二〇〇五)の修理工事の折、文化九年の平瓦に「御馬寄村　瓦屋喜惣次」と刻書されたものが発見されている。

入母屋の左右の妻には破風《はふ》★と木連格子《きつれごうし》★(狐格子ともいう)を付け、慶長期(一五九六〜一六一五)の梅鉢懸魚《うめばちけぎょ》★がみられる。

また、木鼻《きばな》★には獅嚙《しがみ》★の造作がみられ、桃山時代の様式を示している。また舟肘《ふなひじ》木《き》★とともに、慶長期の建築を現わしている。

『仙石家譜《せんごくかふ》』によると、「慶長十七年(一六一二)仙石越前守秀久、小諸城三の丸に櫓門を経営せしむ。九月十八日落成す」とあり、大手門という櫓門を創建したことを記している。

②足柄門(「小諸城の図」参照)

『仙石家譜』によると、慶長元年、「足軽(柄)町に切通し門を築き、城内の鎮守鹿嶋の祠を造立し……」と足柄門造立の史実を裏付けている。

二の丸と三の丸の間にあった岩(現在も三の門の北側に一部が残っている)を切り開いて、武家屋敷の足柄町や市町樋の下口木戸から三の丸に通じる門を造立した。小諸に入封した仙石秀久が、城郭と城下町の整備に余念がなかったことを物語っている。

寛保二年(一七四二)八月朔日の「領内水害書留」では、「寛保二壬戌歳八月朔日、

▼破風
屋根の山形の所(切妻)にある合掌形の装飾板。それに囲まれた三角形の場所。

▼木連格子
縦横正方形の細かく組んだ格子。中から外は透かして見ることができるが、外からは見えないように作った。

▼梅鉢懸魚
屋根の破風の下や左右に設けた飾りで、梅の花を正面から見た形を図案化した梅鉢を懸魚にしたもの。

▼木鼻
柱どおしの上部を横に貫いている材が柱から突き出ている部分。

▼獅嚙
獅子の顔を文様化したもの。

▼舟肘木
舟形の肘木だけで桁を受ける。重力を左右均等に受ける働きがある。

今朝五時過、高つやと申す山の西の沢より大水出、成就寺の山打越し、東沢一面に大水となり、六供・田町・本町残らず押潰し流す。大手番所、足柄御門、番所石垣、三の御門等押崩流す」と記し、水害で流失したことを物語っている。

その後、明和三年(一七六六)頃に門は再建された。

明治五年(一八七二)、入札払下げにより足柄門は移建されて、荒町光岳《こうがく》寺の山門となり、今日を迎えている。

この門は冠木《かぶき》門★であり高麗《こうらい》門★である。

切通しの東西の面は、切通しにした下は石壁(石垣)で、左右の塀には矢狭《やはざ》間《ま》・鉄砲狭間が付けられていた。

③三の門(「小諸城の図」参照)

慶長・元和期(一五九六～一六二四)の時期に建造されたものであるが、年次は定かではない。

当初は入母屋造り・柿葺きの城門であったことが絵図に記されている。

寛保二年(一七四二)の「寛保の戌《いぬ》の満水」の折、六供・田町・本町を一瞬にして流失させた洪水は、本町口木戸から三の丸の西側を流れて足柄門を押し流した。また、本町から分かれた洪水は鹿嶋裏を流れて、谷間の三の門に殺到した。番所の定番はあわてて門扉を閉じたため、水は一旦ここでさえぎられたけれど、水勢の力おとろえず、ついに三の門を押し流し、木谷と南谷へと岩を押し崩して流れ

▼冠木門
左右の門柱に冠木し、門の上にあって両方の柱を貫く横木を渡した門。

▼高麗門
後方に控え柱を立て、本柱が支える切妻屋根とは別に、これと直角に控え柱の上にも二個の切妻小屋根をかけた門。

小諸藩御側用人牧野愛山の絵
小諸城の図絵

去った。

三の門の再建は、明和二、三年(一七六五、六六)の頃とされている。三の門を入ると、左側には岩があり、屏風岩とよんでいた。

左手は南谷に接し、屏風岩と結ぶ鉤形の石垣がある。この左右の石垣の上に三の門が建てられている。渡り櫓(多聞《たもん》櫓)である。櫓と両方の石垣との間に力学的な関係がみられるが、慶長期の面影を残す大手門のような豪壮さはうかがわれない。

切込み矧《は》ぎの石垣に渡された渡り櫓の三の門は、「三間の櫓門で、寄棟《よせむね》造、桟瓦葺、左右袖塀附属(矢狭間、鉄砲狭間)」の門として、平成五年(一九九三)十二月九日、国の重要文化財に指定された。所有者は懐古神社。

三の門は、現在懐古園の表門である。門の正面には、明治維新後田安《たやす》家から徳川宗家(将軍家)へ養子に入り相続者となった、徳川家達《いえさと》の筆になる「懐古園」という扁額が掲げられている。

三の門は、明治維新後の明治五年(一八七二)、領内町医嶋河原村の小山亨に払い下げられる。しかし、明治十三年懐古神社に所有者小山家から寄付され今日に至る。

「記　一、旧三之門　壱宇

右建物大政維新の始め陸軍分営(明治五年、東京鎮台上田分営乃木希典《のぎまれすけ》に引渡

三の門

す）より入札御払受にて、貴殿所有なる処、今般懐古神社外殿として御寄せ下被
附忝受納候也
明治十三年二月四日
小諸町士族　担任　宮嶋政吉　㊞
祭事係　安田秀正　㊞
嶋河原村　小山　亨殿」

「小諸城の図」の絵図にみえるものは、左手に花見櫓、中央に三の門、右手に二の丸御殿、同左下に水櫓、右奥、絵の上方に南丸である。しかし、現在は三の門以外の遺構はなく、御城米蔵門は左に石垣と土手が、二の丸御殿は建造物はなく、遺跡として現存する。水櫓と南の丸は野面《のづら》積み★の石垣のみが残っている。

④中仕切門（「小諸城の図」参照）

仕切門は、敷地や建物などの仕切りや区画の繋ぎの役目をする門である。

本丸と二の丸、南の丸と北の丸を仕切る門である。

一層目（正門で中仕切門）、二層目（南の丸と北の丸を結ぶ渡り櫓）、三層目は入母屋造り、二間四方（八畳の部屋のある本丸に対応した建造物で、遠見の役割を果たしたものと考えられている）の建造物である。

現在、中仕切門は礎石《そせき》のみを残す。

小諸城の中仕切門は、明治七年（一八七四）本町の清水屋、味噌醤油醸造業の笠

▼野面積み
加工してない自然の石肌のままで石積みをする。

中仕切門の模型

原久平が払下げを受けて、その部材の梁・桁など四十余本を使って、地下一階、地上二階の倉庫を建築した。長い年月に耐えた部材であるため腐食がはなはだしく取り壊される運命にあった。

平成十年（一九九八）、小諸市が笠原邸・倉庫・宅地などを取得して解体し、町並み環境整備事業として、多目的施設の「北国街道ほんまち町屋館」を建てた。また、中仕切門の建物解体部材をギャラリーに展示したほか、残余の宅地を公園にし、本町ポケットパークにした。現在、多様な展示やイベントが行われている。

⑤黒門（「小諸城の図」参照）

小諸城の城門の一つで、本丸防禦の最終の要の役目を果たした。本丸の入口に建造された、一の門である。

『小諸温故雑記』には、慶長十七年（一六一二）建立されたとある。

この門は瓦葺きの薬医門《やくいもん》★で、舟肘木や梅鉢懸魚などの造作は慶長期を思わせる。明治五年（一八七二）の入札払下げによって、八満の正眼院の山門となって移築された。移築の際に幾分規模が縮小されている点が認められるが、小諸城城門の遺構として貴重なものである。

移築された黒門

▼薬医門
本柱の後方に控柱を立て、その上に男梁、女梁をかけ、切妻屋根をのせた門。

石垣やその他の建造物

①徳川秀忠公憩石と碑　　花見櫓の跡にある。

慶長五年(一六〇〇)徳川秀忠が、関ケ原の戦いに参加する途次、上田の真田《さなだ》氏に進路を阻まれて、小諸城に滞在したときの由緒を記した碑である。(第二次真田合戦)

「徳川秀忠公　憩石の碑

小諸城址に一石有り。傍に柳樹を植う。老幹骨立し、飽まで風霜を経たり。蓋し数百年外之植うる所也。相ひ伝う。慶長中、徳川秀忠　将に関ケ原に会戦せんとす。路を山道に取る。仙石秀久、之を小室城に饗す。

公柳樹に就て、石に踞し憩焉。爾来士人、公之徳を慕ひ、斬伐を戒むること召公之事の如しと云ふ。今也国勢一変。城池頽廃。存する所独り石と樹が與《あずか》る耳《のみ》。然り而して士人追慕の誠愈切なり。則記して以て伝え不る可不也。

明治乙酉（明治十八年・一八八五）

高橋　貞識　　佐藤智敬書」(『小諸碑文集』、漢文で所載)

②牧野氏九代牧野康哉侯頌徳碑　　三の門左の丘にある。

「牧野康哉侯頌徳碑

徳川秀忠公憩石の碑

新闢《しんへき》★の論、奇功《きこう》の術、以って化権《げごん》を奪い夭死《ようし》★を済《すく》ふべし。その始めに方《あた》ってや、衆人その誕妄《たんぼう》を怪しめども、達者は確認して疑わず。率先施行し、人をして巨害を祛《はら》い洪福を享《う》けしむ。

遺沢の遠延、数十年に及んで艾《つ》きず。その識慮卓越にあらずんば、至誠民を恤れむ者に、安んぞ能《よ》く斯《かく》の如くならんや。これ予が、牧野公種痘《しゅとう》の挙に於て、大書してこれを表章せんと欲する所以なり。

公諱《こうのいみな》は康哉《やすとし》、牧野氏。笠間藩主諱《いみな》は貞幹《さだもと》の第二子にして、出て、その族小諸城主諱は、康命に承ぐ。後遠江守に任ぜらる。公既《すで》に封を襲ぎ、励精治を図り、尤心を民事に用う。

小諸提封★一万五千石、其の実三万石を踰《こ》ゆ。而も民口減耗して石数と相応ぜず。其の由る所一に非ざる、而して痘害を最大と為す。

公深くこれを憂う。会々《たまたま》牛痘の法、泰西（西洋諸国）より伝わる。公乃ち侍医を江戸に遣はし、桑田立斎に従いその術を学しむ。還るに及んで、これを封内に施さんと欲す。時人未だ牛痘を信せず。偽言紛興す。公毅然とし少も顧みず。試に諸《これ》を二公子に種う。果して効あり。乃ち敦く士民を諭し広くその法を行う。百に一失無し。闔治《こくじ》翕然《きゅうぜん》として、先を争ひ後るるを恐る。是に於て生歯蕃息して全治算なく未だ十年を出でざるに、人口三万に上るという。

公、人と為り明敏而廉直。学を好んで倦まず。苟も、異書を蔵する者有らば、

▼新闢
新しいものを開く。

▼夭死
若くして死ぬこと。

▼小諸提封
小諸領主として与えられた領地(知行高)。

牧野康哉侯頌徳碑

百方力索し、得るときは必ず其の副を録す。

嘗て論語を手写し、諸を懐中に置き以て政理を博綜に資す。武技は尤西洋砲術を善くす。江川英龍《ひでたつ》（太郎左衛門）砲術を以て聞ゆ。一日来り謁す。乃、これと技を試む。公百発而九十七中せり。英龍駭き服す。平居自ら奉ずること甚だ薄く、絶て金玉器玩の好無し。而して学政を振ひ、水利を通じ、農桑を勧むる等一切の善政挙行せざるは莫《なし》。

安政中（一八五四～六〇）、奏者番より進んで若年寄として大政に参じ、匡政する所頗る多し。大老井伊中将（直弼《なおすけ》）人に謂って曰く。親藩中にして、牧野遠州（牧野遠江守康哉）の若き者有ら使めば、弊政を釐革《りかく》★するは易易たり耳。文久三年（一八六三）六月十三日卒す。享年四十六。

公の没して自《よ》り四十年。田野益々闢け戸口益々殖え、家給し人足り、称して楽土と為す。此れ国家が休養生息の致す所と雖、抑、公の憂勤撫摩の功與って多きに居焉《いる》。

士民今に至って追思して止まず。頃ろ相謀り旧城址懐古園に攸を相し、碑を建て事を紀し、以って不朽に垂れんとし、来りて文を予に嘱す。予公の声咳に接するに及ばず。而して令嗣康民君與相識る甚久稔なり。公の遺事（遺徳）を稔聞して深くその偉識に服す。今又士民のその旧を忘れずして、此の挙有るを嘉す。

乃、弇《えん》陋を辞せず、状に憑ってこれを詮次す。銘に曰く。

▼釐革　改革。

人生百疾痘毒尤も厚し。疹気薫漸すれば、良医も手を斂む。卓哉、斯公、民の父母たり。難厄を攘除し、之が眉寿を躋《せい》す。丁壮雲の如く、嬬嬰嬉を遨ふ。惟れ誰が致す所ぞ。公実にこれが基をする。浅岳巑々、筑水瀰々、山高水長。此の風徽を視よ。

明治三十一年十二月

正三位勲四等公爵　徳川家達　篆額

帝国文科大学教授正四位文学博士　島田重礼　撰

正五位　日下部東作　書」（『小諸碑文集』は漢文で所載、『懐古神社誌』は書き下し文で所載）。

③水櫓（「小諸城の図」参照）

第二章の「城下町の用水開削」で述べた水路は水櫓に通水する。御台所用水が、水櫓の釣瓶井戸《つるべいど》で汲みあげられて、樋を通して二の丸へ、そして本丸へ供給されたものと思われる。

『仙石家譜』によると、「慶長元年(一五九六)、仙石秀久、小諸城下町と城内用水路開削し……」と記し、慶長十年水櫓を建立としている。現在の水櫓跡は、石垣の一部を残して、そのよすがを知る証となっている。

④二の門・二の丸（「小諸城の図」参照）

二の門は現在礎石のみであるが、この門は三の門と同じく多聞櫓であり、上層

水槽跡

は二の丸と南の丸との渡り櫓であった。二の門は二層で、切妻《きりづま》造り・櫟屋根である。南面しているので、防備のための枡形をなしていた。

水櫓を大きく廻って西に進むと、二の門となる。上層には御朱印《ごしゅいん》の書庫があって厳重に管理されていたという。

二の丸御殿は、天文二年（一五三三）大井伊賀守光安《みつやす》が乙女坂の地に乙女城を築いた所である。白鶴城ともいわれた。

天正十年（一五八二）、武田勝頼《かつより》が天目山で敗れ武田氏が亡んだとき、従兄弟の武田信豊《のぶとよ》は小諸に逃れ、下曾根《しもそね》覚雲《かくうん》に斬られた。信豊悲運の二の丸である。また慶長五年（一六〇〇）、徳川秀忠が、関ケ原の戦いに参加する途次、宿としたのが二の丸御殿である。

二の丸御殿には、主屋・矢倉（櫓、二の丸東南隅）・御台所・氷餅晒所《こおりもちさらしどころ》★などがある。二の丸御殿は、迎賓館のような役割を果たしたことが諸書に見える。

牧野氏三代の牧野康満が痔疾の療養のため、二の丸に隠居して湯治を続けたとも伝えられる（寛政九年〈一七九七〉から四年間）。

別棟の部屋もあり、藩主の家族や一族の住居として利用されたとも考えられる。

現在の三の門を入り、右手の高き絶壁上の平地を二の丸という。この崖は、かつて在藩中は本丸周囲の帯曲輪《おびくるわ》のような大石の石積みであったが、明治四年（一八七一）国道大改修のとき、西側の端縁に使用された。そのため、その後は砂岩

二の丸御殿の石段

▼氷餅晒所
将軍家へ献上する「かきもち」を作ったところ。

の断崖となっていたが、昭和五十九年(一九八四)新規に大石を使って石垣を築き、再び野面積みの石壁として往時を偲ばせている。

明治維新後、藩の書籍庫がおかれていたが、明治二十四年頃、これを廃し、同二十九年に梅樹を植えて梅ケ丘とよんだ。

⑤番所（「小諸城の図」参照）

二の門を入った正面に、二の御門上番所と二の丸御殿玄関に入る石段の左奥に、足軽番所（下番所）がおかれていた。

小諸城警固の中枢として、厳重な取締りが行われた城内の関所である。

三ツ道具（突棒・刺股・袖搦）がおかれ、定番徒士が日夜詰めて、警備に当たっていた。

南の丸と北の丸（「小諸城の図」参照）

南の丸と北の丸は、本丸に進む枡形の形で相対していた。南の丸の野面積みの石垣上に多聞長屋が続いて、中仕切門で連結していた。

南の丸は出格子《でごうし》になっており、警備、防禦を主とした曲輪である。

二の丸と南の丸が連結され、それぞれ南面した石垣の上の塀には、矢狭間《やはざま》・鉄砲狭間が設けられていた。二の門上層の南からは、三の門を遠見でき、監視の役目を果たした。一五間の矢場があったり、武具庫もあったと史料は記している。

北の丸は御台所であり、七室に仕切られていた。切妻造りの欅葺きで、西側五

台地を掘って築城した南丸の石垣

室は土間、東側二室は二階になっていた。北の丸の入口は、南の丸の入口と向かいあっていた。城内の賄い方であり、食料品の貯蔵・供給・加工の場所として使用されていたようである。

⑦稲荷《いなり》神社と黒門橋（算盤橋《そろばん》）

北の丸西側にある稲荷神社は、五穀をつかさどった倉稲魂神《うかのみたま》を祀った神社である。

五穀豊穣・武運長久・家内安全・商売繁盛などを祈願する稲荷信仰の中心であり、霊験顕著にして御利益ありという。

小諸城の築城当時から、本丸馬場南端の木谷際の富士見台に稲荷の祠が鎮座していたという。

元禄十五年（一七〇二）、小諸藩主牧野氏が越後国与板《よいた》から、小諸城へ移封の際、これを赤坂町に遷座した。富士見台の祠と赤坂の稲荷社が合併して、昭和四年（一九二八）、黒門橋手前に稲荷神社が遷座・建立された。平成六年（一九九四）改修されて、城中鎮護の神社としての佇まいを偲ばせる。

黒門橋は、一名を算盤橋・紅葉橋ともいい、この橋の架かる空堀は、小諸城に二つしかない南北の堀（横堀）で、他の一つは本丸西の城山にみられる西谷である。両者は、いずれも人工の堀であるといわれている。

絵図によると長さ一〇間（一八メートル）である。現在の黒門橋は、昭和六十

北の丸御殿跡

一年に復元されたものである。

承応二年（一六五三）から宝暦五年（一七五五）までの約百年間に、一〇回の架け替えが行われている。この黒門橋は、危急の際は落とすことができる仕組みになっていた。

この黒門橋を渡り、黒門を経て枡形に左に曲がると、一段と高い台地がある。藩主が駕籠に乗ったり降りたりする御駕籠台である。右に折れると帯曲輪に至り、本丸入口となる。

⑧帯曲輪（「小諸城の図」参照）

城郭の中で最も重要な建造物を本丸とよぶが、城を守るときの最終拠点となるものである。三の丸・二の丸のそれぞれの石垣や曲折した狭い路（枡形や鉤形など）、また大手門・三の門・二の門・中仕切門・黒門など幾重もの防御施設を経て、小諸城の最終拠点、最重要の拠点が本丸である。本丸は特殊な施設の石垣で囲まれていた。これを帯曲輪とよんだ。

本丸を防禦する野面積みの石垣は、栄枯盛衰の夢を今に語り、未来永劫の懐古の情を偲ばせてくれる。

苔むした野面積みの石垣は、築城から約四百有余年の歴史をもち、一つひとつの蔦《つた》や苔類もそれぞれの顔をもって訪れる人に語っている。また一つひとつの石が、先人の汗と涙を彷彿させる。

本丸北の帯曲輪

繁る木陰に苔むして、雨の日などの色彩や、石垣と老松の存在は、如何にも古城らしい感じと床しさを語りかけている。名勝といわれる景である。

⑨小諸藩領界石標

文化三年（一八〇六）領分境に石標が建立された。維新後、懐古神社が所蔵していた石標を、本丸の帯曲輪に囲まれた本丸入口に、ありし日の領境を示す石標として建立したものである。

⑩小諸城本丸御殿（「小諸城の図」参照）

本丸は、(1)御広間・御使者の間・御対面所・大書院・御用部屋など、政務にかかわる領域、(2)居間・寝間・湯殿など、藩主や家族の居住する領域、(3)御台所・料理方詰の間・物置など、賄い方や御台所にかかわる領域の、主に三つの領域に分かれていた。

玄関は唐破風《からはふ》、広間・対面所・書院は入母屋造り・柿屋根の造作であった。

小諸城址となってから、明治十三年（一八八〇）、懐古の情より懐古園を設けるにあたり、天神《てんじん》・荒神《こうじん》の二神に牧野氏の歴代藩主を合祀した。のち懐古神社を建立し、昭和六十二年（一九八七）十一月に改築され、今日に至っている。

⑪山本勘助晴幸《かんすけはるゆき》愛用の鏡石

懐古神社の参道南にある。武田信玄の部将山本勘助が、信玄より命ぜられて小諸城の縄張《なわばり》をした際、日夜愛用したといわれる鏡石で、「人の面《おもて》正直に見える。

小諸藩領界石標

山本勘助愛用の鏡石

御庭の内に有り」と「小諸砂石鈔」は誌している。

⑫神代桜（小諸八重紅枝垂《しだれ》）

懐古神社の南にある。八重紅枝垂の古木は、神代桜とよばれる。寛永年中（一六二四～四四）に藩主松平因幡守《いなばのかみ》憲良が、本丸改修のときに書院の庭に植えたといわれるもので、憲良の幼名五郎をとって「五郎桜」ともよばれてきた。

古木となって栄枯の情にひたらせ、園内の桜に先駆けて咲く濃い紅色の美しい花として親しまれている。

名勝と由緒深き神代桜を惜しみ、平成十五年（二〇〇三）に「小諸八重紅枝垂保存会」が結成され、小諸市制施行五十周年の記念木として、十九年春までに一〇〇〇本以上が市内の公共施設・学校・個人の庭園などに植えられた。現在、濃い紅色の小諸八重紅枝垂が街中を彩っている。

⑬馬場（「小諸城の図」参照）

本丸裏の西側に、石垣沿いの長方形の長さ六七間の馬場がある。西尾隠岐守《おきのかみ》のとき（一六八〇年頃）、土手に桜の木を植えたことから桜馬場といわれるようになった。現在も、懐古園の桜の名勝地となっており、小諸八重紅枝垂も咲いて歴史を語る証となっている。

⑭小諸藩銭蔵《ぜにくら》の遺構（「小諸城の図」参照）

馬場の西北の隅に、小諸藩の御金蔵《ごきんぞう》と銭蔵が造営されていた（御金蔵について

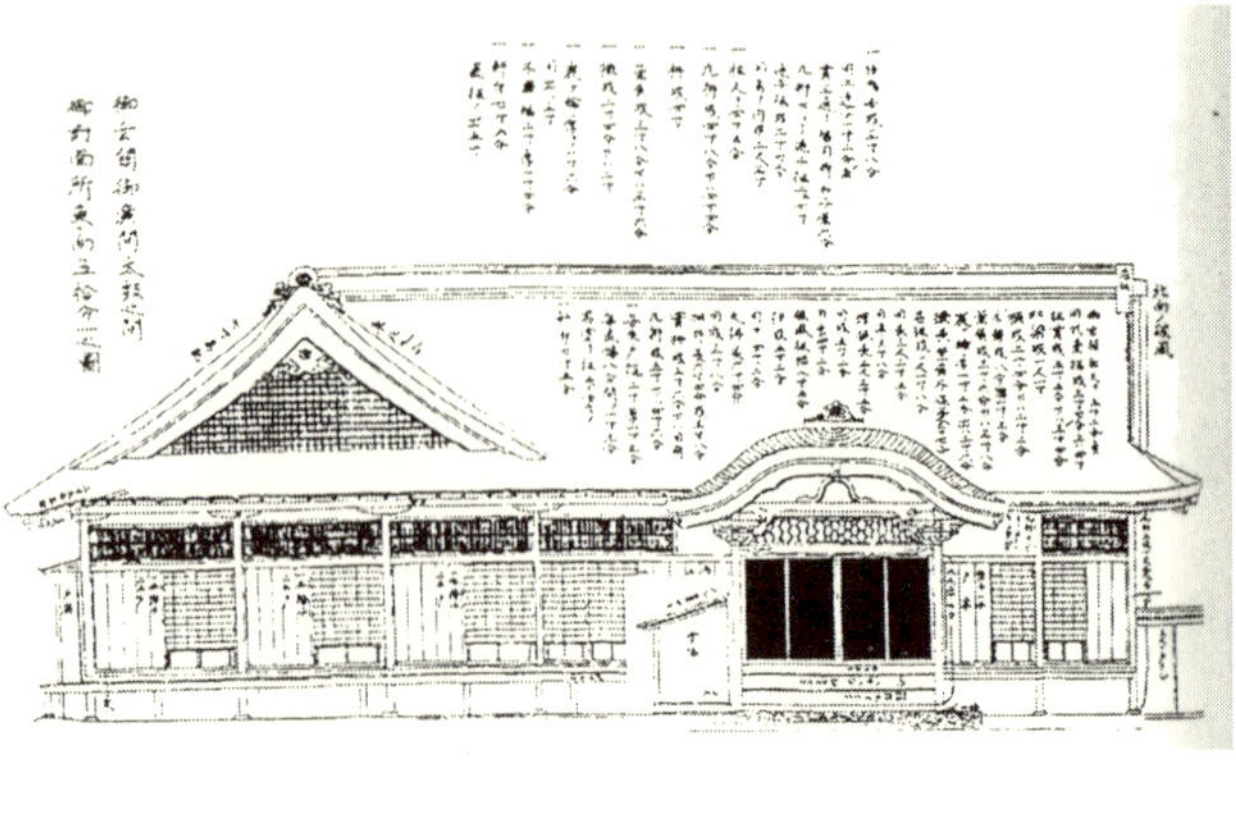

本丸御殿の玄関（「小諸城郭絵図」より）

は不明）。

明治五年（一八七二）の入札払下げで、与良《よら》町の塩野入芳雄家の所有となり、移建された。棟札《むねふだ》によると、享保十一年（一七二六）、牧野二代藩主の牧野康周時代のものである。

⑮小諸藩武器庫（「小諸城の図」参照）

文化年間（一八〇四〜一八）に藩内の鉄砲鍛冶《かじ》によって大筒《おおづつ》（百目玉）・火矢筒《ひやづつ》（大砲）・火縄銃・短筒など製作できるようになり、その収蔵のために築かれたものである。また南の丸にも、武器庫があったようである。

明治五年（一八七二）、入札払下げによって、八幡の依田仙右衛門家の所有となり、東京に移築された。昭和五十六年（一九八一）、馬場の北部、北谷の面に復元された。

小諸藩は、武器庫・御金蔵・銭蔵の三カ所を警備するために番所をおいていた。

⑯不明（開）門跡

馬場の西端、千曲川を見下ろす地に展望台があり、遠見の働きができるようになっていた。その左に不明門が設けられた。

小諸城の表門である大手門に対して裏門にあたるので、搦手《からめて》門である。城の最後の抜け道として、平常時には絶対に不明（開）という門で、水の手門ともよんでいた。右手の深い谷は地獄谷である。

⑰大平山（城山）（「小諸城の図」参照）

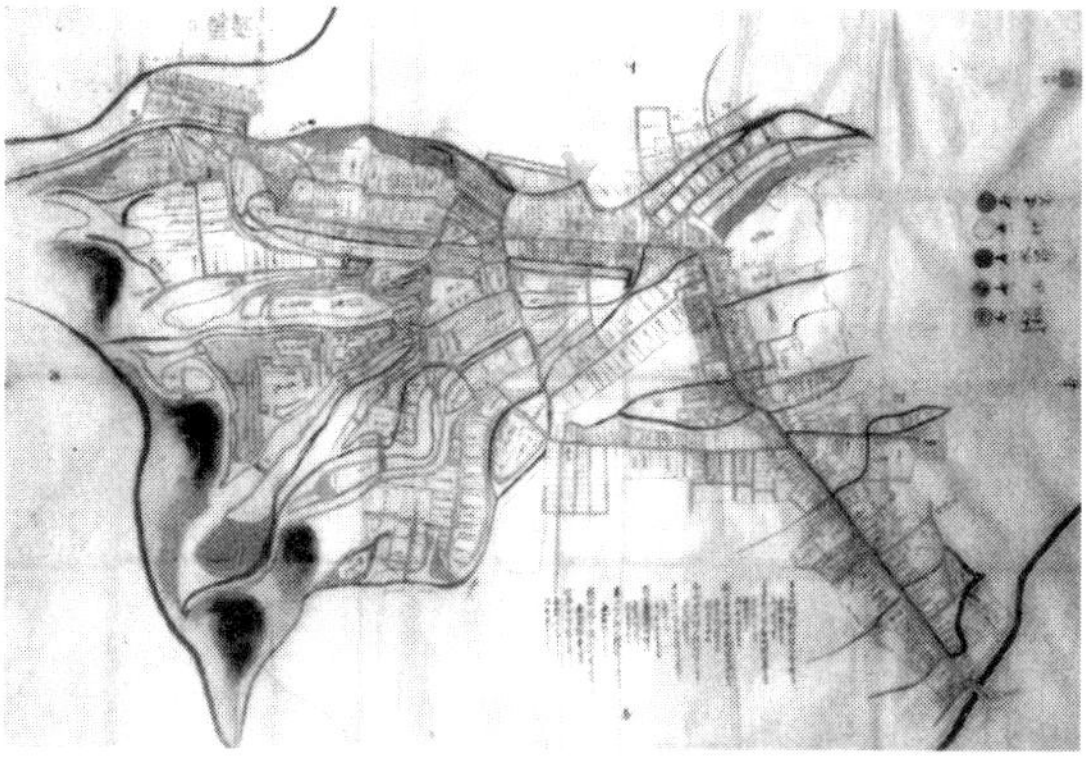
小諸城下町部分

馬場の西、本丸裏と谷（西谷）を隔てて、西の傾斜地を大平山（城山）とよんだ。現在は保安林となっているが、「遠近の深山かぐれの菱の縄、幾千代をふる城の松風」と詠じた山本勘助の心境に通じる城山である。

馬場と西谷の間には帯曲輪があって、西の要害の要をなしていた。

藩主酒井忠能が城山へ松を植え付けたが、赤ざれの土のため根付きが悪く、種々工夫をして、ようやく生育させたという話である。

大平山の西麓、千曲川北岸に沿った細道は、昔は往来禁制地であり、ここに遠見番所★があった。

城下には、藩主の千曲遊覧の御茶亭や、中棚町七曲坂上には御腰掛という遊覧所があったといわれている。

馬場の南端を富士見台とよび、谷は木谷である。稲荷社が城の鎮守としてあったが、北の丸西の稲荷神社に合祀された。

⑱荒神井戸（「小諸城の図」参照）

本丸北方の帯曲輪の外（御裏口）に、城内の唯一の荒神井戸（現状）がある。用水は水櫓から台所へ供給された。北側に樹齢五百年という欅の大木が見られる。

寛保二年（一七四二）の水害で、六供・本町のほか、三の門などが流失し、用水路も破壊され、御用水の機能が果たせなくなった。そこで、緊急に井戸の開削が進められ、寛保年中（一七四一～四四）に掘られたものである。深さは五丈四尺（一

▼遠見番所
不審者の往来を発見するための、遠方まで見える番所。

荒神井戸

六・四メートル）である。
⑲荒神曲輪
本丸北方の帯曲輪の外、右側の広場が、荒神様（火之迦具土命《ひのかぐつちのみこと》）と天神様（菅原道真《みちざね》）を祀った社の旧地である。

大きな楓の多いところから、現在は紅葉ケ丘とよばれている。
⑳籾蔵台
水櫓から左へ進むと、御城米蔵門（遺構なし）を経て籾蔵台に至る。

本町・市町・荒町・与良町などの御年貢蔵と御扶持蔵を経て、最後の御城米蔵となる。

明治二十五年（一八九二）、御城米蔵の一部が移転・改築されて小諸小学校の校舎となった。これが、世にいわれる有名な土蔵校舎である。昭和二十九年に破棄された。

籾蔵台は現在動物園の園舎となり、昔を語る遺跡は何もない。
㉑鹿嶋宮（「小諸城の図」参照）
神社は鹿嶋曲輪に鎮座する。そのため、鹿嶋明神の社地より泰安寺・明倫堂・御会所までを鹿嶋曲輪といった。

大井伊賀守光忠《いがのかみみつただ》が鍋蓋城を築城し、その支城乙女城の築城を企画した当時、御城立ての初めより御城付の鎮守産土神《うぶすながみ》とされている。祭神は武御雷神《たけみかづちのかみ》で、御城・

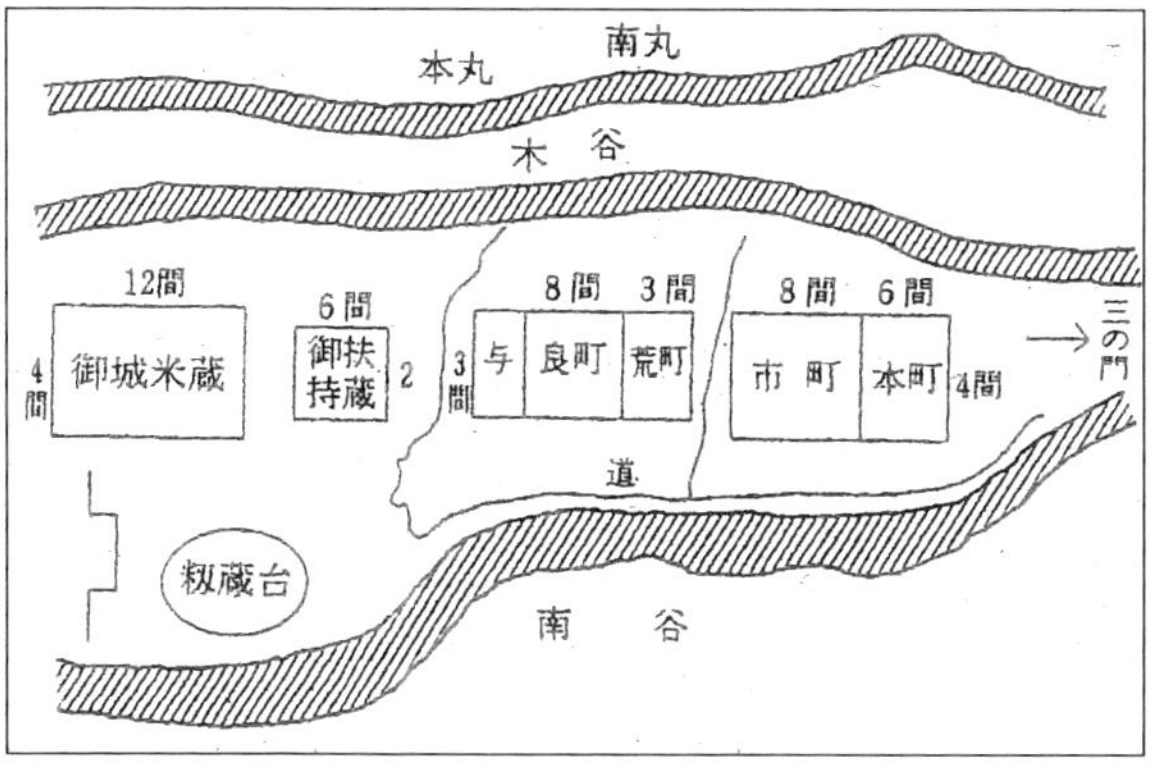

小諸城・御城米蔵の略図

御家中ならびに市町・本町の産土神でもある。

慶長元年（一五九六）、仙石越前守秀久が、城内の鎮守鹿嶋の祠を造立し、太鼓一口を奉納し、また、鹿嶋の大明神に土地（見付の高三〇俵）を寄進した。

昭和二十四年（一九四九）十一月、小諸駅拡張のための都市計画により、懐古園内雉子平に遷座した。その折、小高い丘（鹿嶋の森）を削り取り、その土砂を北谷の一部に埋めて遊園地（現在は市営駐車場）とし、小諸駅周辺の拡張もなり、新鹿嶋町が誕生した。

平成八年（一九九六）は、遷座五十周年記念として、屋根瓦など鹿嶋神社の大改修工事が竣工した。

㉒牧野氏の菩提寺泰安寺（「小諸城の図」参照）

曼陀羅山《まんだらさん》馨香院、浄土宗。江戸浅草の神田山幡随院の末寺で、元禄十五年（一七〇二）九月、越後国与板《よいた》から移封となった藩主牧野康重《やすしげ》とともに、菩提寺として小諸に移建されたものである。

城内鹿嶋曲輪の地にあって、鹿嶋神社の南西の位置にあった。明治三年（一八七〇）廃藩とともに泰安寺も廃寺となり（廃仏毀釈《はいぶつきしゃく》）、旧泰安寺の仏具などとともに、荒町光岳《こうがく》寺に合併・保管され、本堂は田町実大寺に移建された。

㉓牧野氏の祈願所宝寿《ほうじゅ》院

城内鹿嶋裏町の五軒町にあった。寺領は三十五石。正保年中（一六四四～四八）、

鹿嶋神社

慶秀法師が、越後国与板で開基したもので、本尊の不動明王は、越後国蒲原郡北寺山より出現の尊像であると伝えられている。牧野氏の祈願所となり、元禄十五年(一七〇二)与板より藩主に従い小諸に移建された。明治三年(一八七〇)十一月二十日、六供成就寺に合併され、同四年廃寺となった。

㉔藩校明倫《めいりん》堂（「鹿嶋曲輪の図」参照）

牧野氏の六代藩主内膳正《ないぜんのしょう》康長《やすなが》の学問尊重、文教を興隆する趣旨をうけて、家老の牧野勝兵衛成章は、藩儒（儒学者）高栗弾之丞永臣と図って、藩校の設立を計画した。高栗を司成★（総長）とし、村井盛哉・角田利輔・牧野子大・鳥井義利らがこれに協力した。享和二年(一八〇二)城内に明倫堂が創設され、藩の子弟を集めて教育をした。藩内の学問所という意味から「藩学明倫堂」ともいわれている。

東信濃各藩における藩校の魁であり、小諸における学校教育の始まりである。

藩校明倫堂の教育精神は「人の道を明らかにすること。父＝義、母＝慈、兄＝友、弟＝恭、子＝孝」の五教である。

高栗弾之丞は、開講にあたって一詩を賦している。

「不受苦中苦　難成人上人　休言責難事　都是為相親」

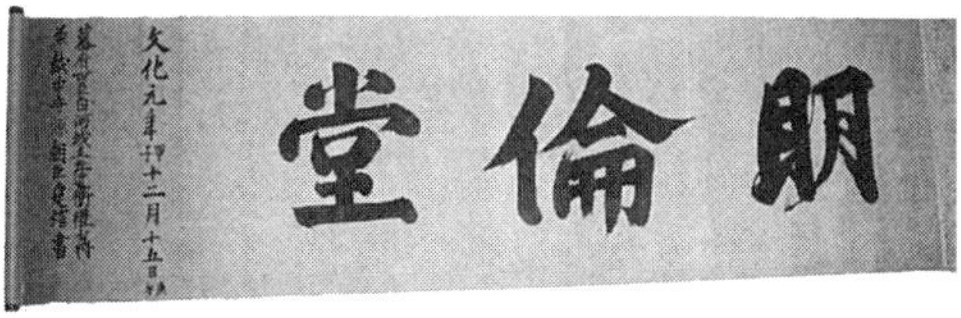

小諸藩校明倫堂の書
白河藩主松平定信筆

▼司成
教師。

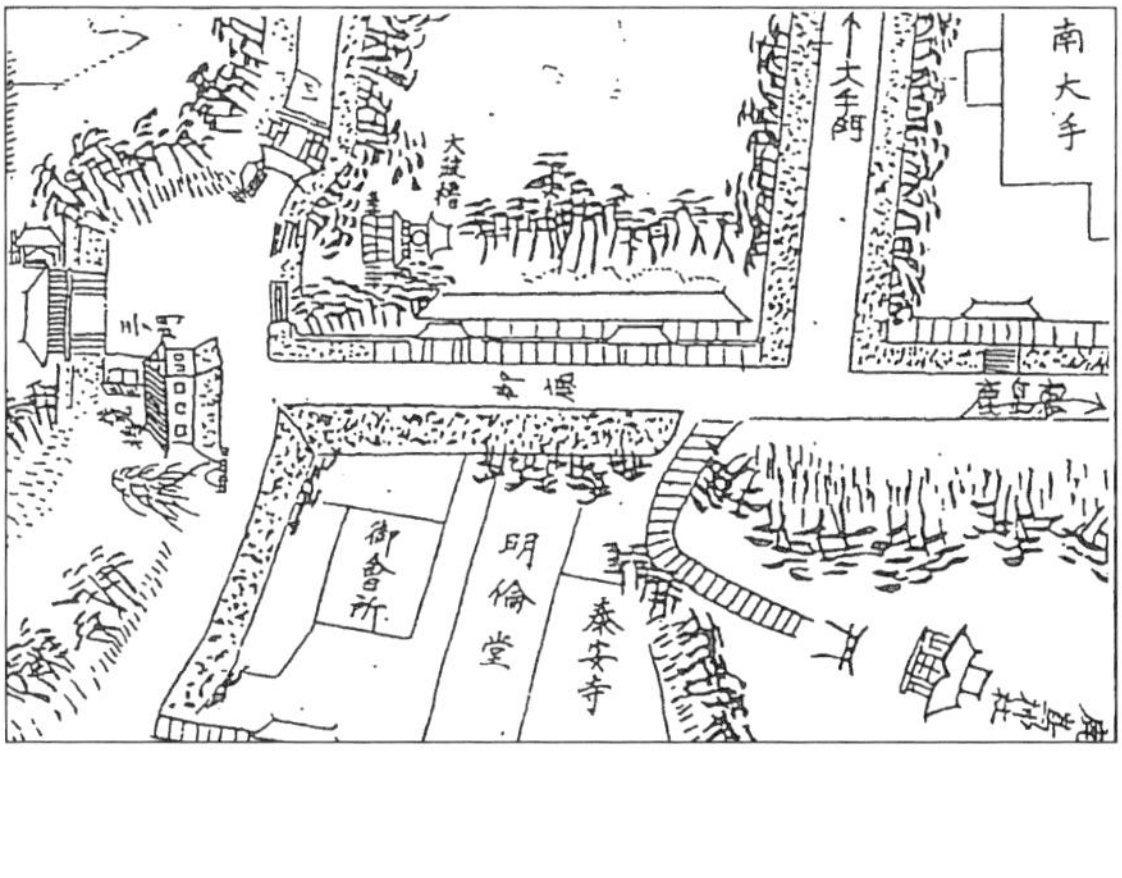

城の図

(苦中の苦を受けざれば、人上人と成り難し。言うことを休めよ、難事を責むと。都《すべ》て是れ相親しむが為なり。)

九代藩主の牧野康哉も、学問を奨励し明倫堂の皆勤を賞している。さらに書籍一万余巻を集め、購入できないものは写させ、また自らも筆写している（頌徳碑参照)。

藩主自らが文武両道に励み、立派な斯道の権威者を師として、その指導を仰いだこと、また藩士の子弟に文武両道を嗜ませる藩政をしたことは、特記されるべきであろう。

自ら学び精進する、自ら勉学にいそしむ、武士道に没頭することの意味や価値、そして方法など「為すことによって学ぶ」ことにより「人の道を明らかにする」ことが教育精神に迫り、藩主が範を垂れたことなど、小諸藩の先人の史実は、後世の小諸人に「後鑑」の役割を果たして、「生きる哲学」を与えてくれた。

明治四年(一八七一)、小諸藩は廃藩となる。明倫堂は開校以来、六十余年間存続して、藩士の子弟教育に貢献してきた。向学の精神は、後世の小諸人に多大な影響を与えた。

明倫堂は明倫学校として、大手町字高屋敷の城代屋敷（鍋蓋城）に移って再発足した。洋学所を新設して、外国学としてフランス学を採用して、主として士人出身者の子弟の学問所となった。明治五年の学制発布に至るまで継続した。その後は、学制発布によって、一般人民を教育する第二七番小学明倫学校となり、その後小諸小学校となる。

㉕御会所《ごかいしょ》（「小諸城の図」参照）

御会所は小諸藩の藩政をつかさどる所で、小諸藩の役所である。小諸領内の治世の中心として、善政も悪政も、この御会所の裁断によった。また、時として善政も家臣の匙加減で悪政に発展する。藩の枢要な建造物である。

評定所《ひょうじょうしょ》は、御詮議所として五つの席が示される。詮議所の前には、薄縁《うすべり》を敷いた入側と、一段下がった所に濡縁《ぬれえん》があって、その南の土間が白州《しらす》であると史料にみえる。

白州は罪人を取り調べた所で、白い砂を敷いてあったところから、法廷・奉行所・評定所を白州とよんだ。

小諸藩の籠（牢）屋は、荒町の籠屋小路にあった。また、西唐松の西端、味噌塚に接する低地が、斬罪場であったという。

㉖三の丸太鼓櫓（「小諸城の図」参照）

明治二十一年（一八八八）、信越線が越後国直江津・軽井沢間に開通し、小諸停車場ができる。

そのため周辺の改修整備が行われたが、小諸城三の丸がその区画の中心となって、藩校明倫堂・御会所・花見櫓・太鼓櫓など遺構や遺跡は取り壊された。小諸

小諸藩籠屋　荒町

駅・相生町・大手町・鹿嶋裏町などの新市街地がここに誕生し、その様相を一変させて今日を迎えている。

太鼓櫓の階上には、時刻を告げる太鼓があり、階下は定番徒士《かち》の番所になっていた。

太鼓櫓の太鼓の音は、城内・城下に響き、明六つ（午前六時）、暮六つ（午後六時）に鳴り、それによって小諸城の城門や木戸も開閉された。

㉗鍋蓋曲輪（「小諸城の図」参照）

長享元年（一四八七）、大井伊賀守光忠によって築かれた鍋蓋城（第一章の1参照）の居館は、三百有余年を経た江戸中期までに幾度となく改修・整備を繰り返しながら、城代《じょうだい》屋敷の役目を果たしてきた。

小諸藩歴代の家老・城代の居館（公邸）とされていた館が、鍋蓋城の中にあって、城代屋敷・高屋敷ともよばれていた。

鍋蓋城といわれているように、周囲が石垣や土塁によって高くされ、形は鍋のようにほぼ円形に近かったもので、そこに居館が建てられた。

明治四年（一八七一）の地方制度改革で設置された戸長《こちょう》は、戸長扱所を鍋蓋曲輪においた。

同七年、鍋蓋曲輪に邏卒《らそつ》屯所ができる。

同八年、邏卒屯所は巡査屯所と改められる。

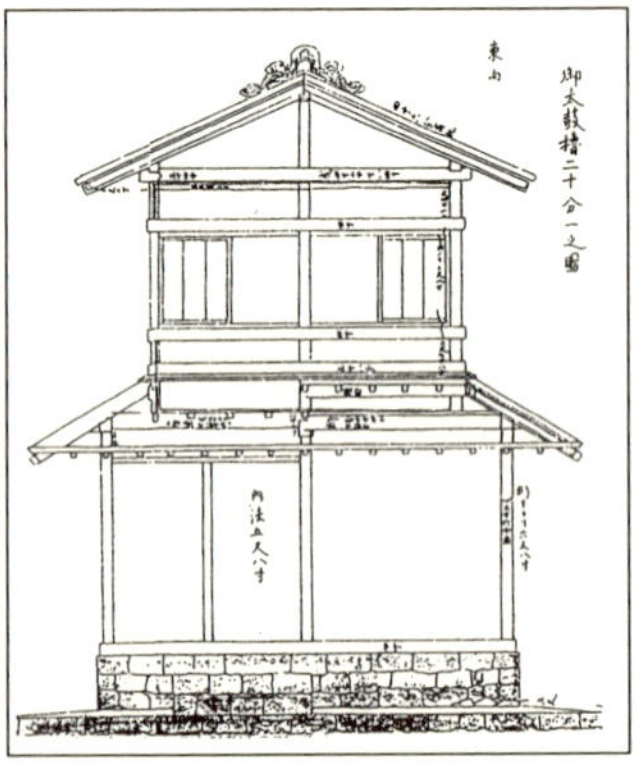

太鼓櫓

同九年　戸長扱所を鍋蓋曲輪より荒町光岳寺に移す。中山道・北国街道は国道に、甲州街道は県道となり、国道・県道・里道に分けられる。

明治十年、巡査屯所は、岩村田警察署小諸分署となる。

同十一年、鍋蓋曲輪の中央を開き、本町と市町を結ぶ。本町の中央にあった飲用水路を両側に移す。

現在は南側と西側の一部に、石垣の遺跡（現状）がみられるだけとなっている。

㉘千曲川御茶屋

城山の下、西南の千曲川の川べり（現在の東京電力発電所付近）に、小諸藩の御茶屋が設けられた。

廻りの山々や清き流れの千曲川を愛でつつ、茶に興じた藩主や重臣たちの、多忙な治世の中での、茶道に対する嗜なみがみられる。

㉙木戸（番所）

小諸城下の東側の出入口が与良町木戸で、西側の出入口が市町末木戸である。

更に本町口木戸、市町樋の下口木戸があり、小諸城の出入口として関所の機能を果たし、小諸城の城内と城下を結ぶ接点として重要である。

それぞれに番所があって三ツ道具などを備え、厳重な治安と警備にあたっていた。

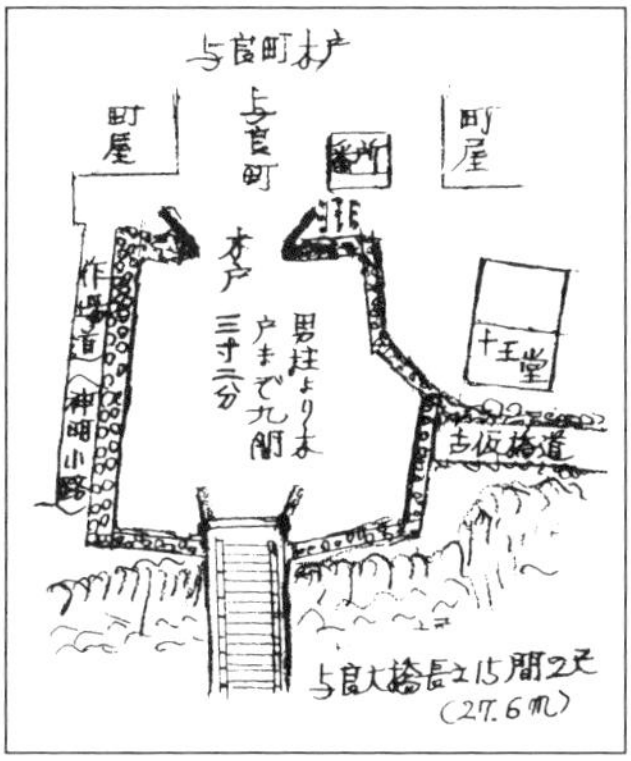

与良町番所

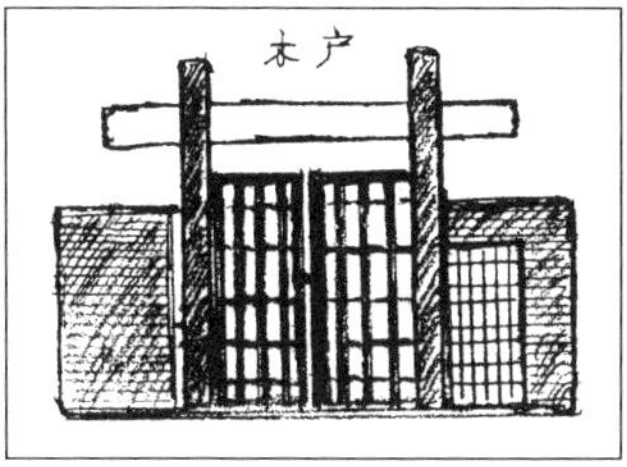

与良町番所木戸

旧藩の墓

武家屋敷のあった馬場町の南に、向かって右に「旧藩之墓」、左に「杁掛墓地」と表示があり、その奥に説明板が立てられている。小諸藩主牧野氏十代と旧藩士およびその家族の墓地である。藩主の墓地は三棟あって、切妻《きりづま》・平瓦葺きの墓所になっている。享保十一年（一七二六）二代藩主牧野康周が、御墓所を五軒町より杁掛に移している。

与板

初代康成《やすなり》　馨香院殿

二代康道　浩徳院殿

小諸

初代康重　真性院殿覚誉自然歓翁大居士　四六歳

二代康周　真諦院殿照誉覚了除雲大居士　五三歳

三代康満　真解院殿実誉盈翁勇哲大居士　七〇歳

四代康陛　量寿院殿願誉無涯玄底大居士　四二歳

五代康儔　泰岳院殿興誉隆熙仁良大居士　二八歳

六代康長　恭徳院殿高誉松山善翁大居士　七一歳
七代康明　歓照院殿喜誉光月耀山大居士　二八歳
八代康命　善休院殿慶誉無彊万安大居士　二四歳
九代康哉　篤信院殿四品譲誉義山礼与大居士　四六歳
十代康済　清徳院殿浄誉楽永康民大居士　四二歳
なお、菩提寺は城内泰安寺、本寺は江戸浅草の幡随院《ばんずい》である。

旧藩の墓

② 小諸城郭絵図

甲良家は徳川幕府の作事方大棟梁で江戸城などを造営したが、その門葉石倉家は、小諸城の大匠棟梁として小諸城城郭の造営にかかわる。
石倉家は一一〇点の絵図や数多くの文書を残し、貴重な文化財として小諸市で保管している。

甲良門葉★石倉文書の概要

▼門葉　一門。

石倉文書を理解するためには、石倉家に伝わる工匠の術「甲良流《こうら》」について知る必要がある。

『近江大工とその技術』によると、江戸幕府の作事方《さくじかた》大棟梁《だいとうりょう》を代々務めた甲良家は、藤原姓を名乗り、山城国（京都府）大上郡甲良荘または甲良明神社より興ったといわれる。甲良三左衛門光広《みつひろ》が、京都建仁寺前の匠家の工匠の術をみて弟子となり、建仁寺の開祖となった。その後、宗広により、甲良家は抜くべからざる名声をあげるに至った。そして、「甲良家の建築技術」が、当代の地位を占め、甲良流とよばれるようになったと記している。

宗広は、天正二年（一五七四）、山城国甲良荘法養寺村に生まれ、慶長元年（一五九六）伏見にいた徳川家康に仕え、城内の造営工事に携わったのが出世の始めで

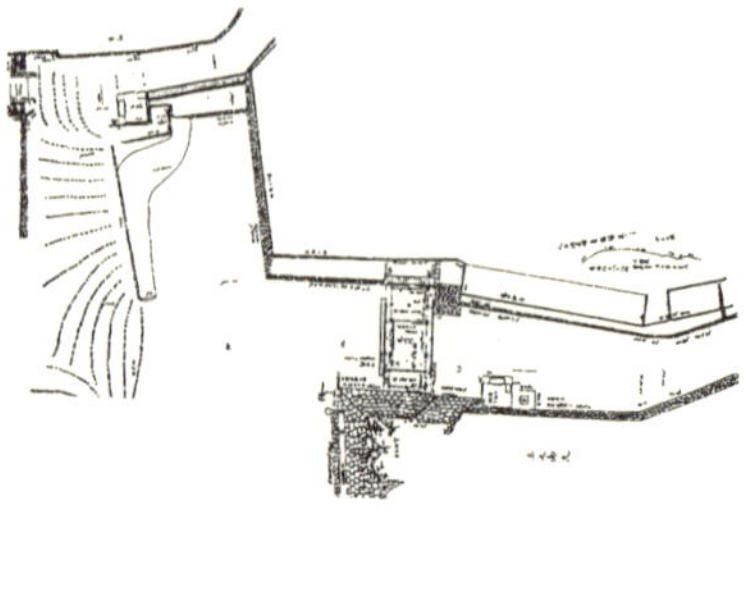

小諸城城郭絵図
本町口木戸より大手御門へ

ある。

この頃、家康は京都の関白近衛《このえ》信尹《のぶただ》邸の門を建てるにあたり、その扉一扉ずつを左甚五郎《ひだりじんごろう》と宗広に刻ませた。その際の秘技に感じた関白信尹は奏上して、宗広を従五位左衛門尉となした。その後、宗広は社殿造営の棟梁となり、豊後守《ぶんごのかみ》の称を許された。

慶長九年には、宗広は初めて江戸に下り、翌十年、芝増上寺《ぞうじょう》（徳川将軍家菩提所）山門建立の棟梁となる。その後山王権現《さんのうごんげん》日枝《ひえ》神社（徳川氏の産土神）を造営し、同十一年には江戸城改築の命をうけ、同十二年天守閣を完成した。

寛永初年（一六二四頃）、三代将軍家光《いえみつ》の来邸に際し、諸侯が競って御成門《おなりもん》をつくり豪奢を闘わした。その多くは宗広の計画にかかわるという。寛永元年（一六二四）九月には日光東照宮の社殿改築にあたり、幕府作事方大棟梁として宗広は、一門を率いて工事に従事した。同十三年四月、権現造りの、豪奢華美な東照宮（徳川家康の霊廟）が完成した。上棟の日に四位の束帯《そくたい》を許され、鞘巻太刀（鐔《つば》のない短刀）一口、鞍馬一頭を賜ったという。

これに前後した寛永九年、芝増上寺に台徳院（二代将軍秀忠《ひでただ》）の霊廟造営の際、子の宗次《むねつぐ》が棟梁となり、宗広は全部の彫刻を担当した。宗広は寛永十三年、道賢《どうけん》と称し、近江国に行き、唯念寺を創建し、正保三年（一六四六）七三歳にて没した。

その後、甲良家は大棟梁を世襲し代々東武番匠《ばんしょう》の総師となった。

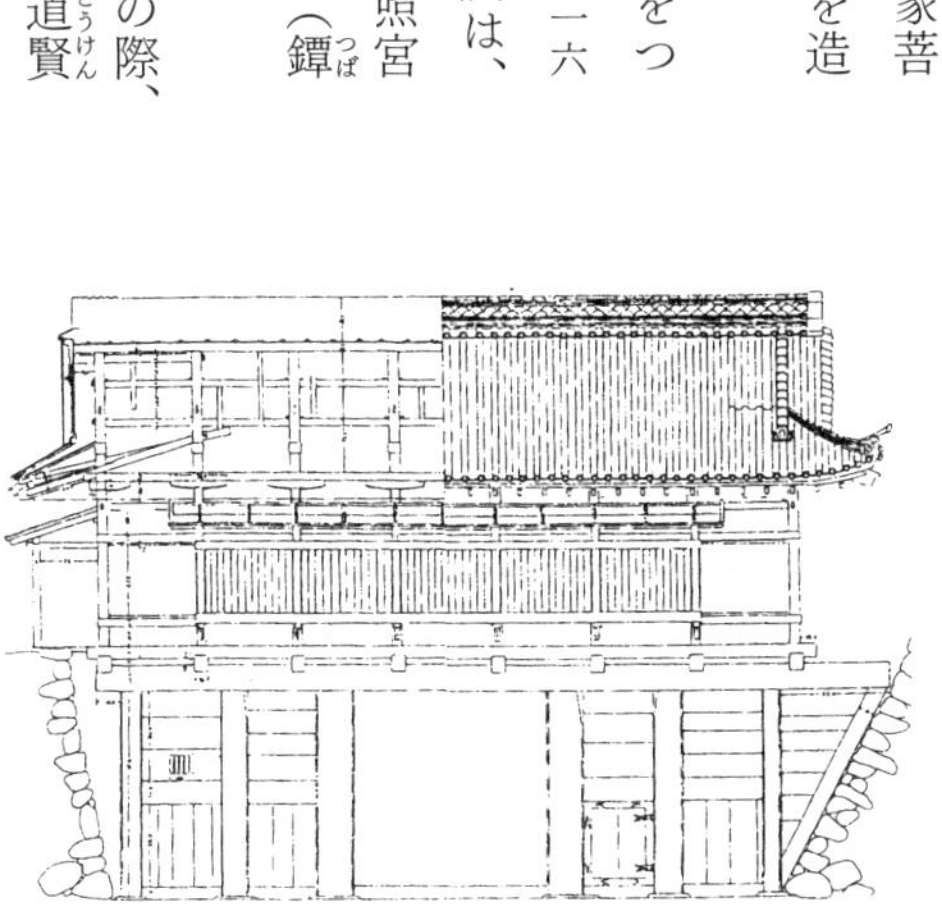

小諸城城郭絵図
大手御門正面図

小諸城城郭絵図

甲良流藤原氏の系図は、次の通りである。

初代宗広（豊後守）――宗次（左衛門）――宗賀（豊前）――宗員（相員）
――棟利（若狭）――棟保（匠五郎）――棟政（小左衛門）――棟村（豊前）
――棟弥（吉太郎）――棟全（筑前）――棟隆（若狭）。

甲良家伝来の江戸城天守閣の図をはじめ、他の多数の絵図・記録文書は、国の重要文化財に指定され、現在東京都中央図書館に大切に保存されている。

また、四代宗員により、宝永四年(一七〇七)、長野善光寺本堂が建造されている。

次に、甲良家の門葉であり、甲良流の匠術を極めた「石倉家」について述べる。

石倉家家系は、小諸市田町の実大寺に奉納された位牌および墓碑文、石倉家の記録によると、四代源七郎穂積重就より十三代歳次郎まで、小諸城大工棟梁として建築技術の業を続けてきた。四代重就と五代重定《しげさだ》は、江戸城大工棟梁の甲良氏に師事して、建仁寺《けんにんじ》流（甲良流）なる工匠の術を習得し、代々伝えて小諸城造営の業に携わってきた。

七代源七郎古武こと芳隣が、最も建築家としての業績が大きい。石倉芳隣は、江戸幕府作事方の甲良氏三代宗賀、四代宗員の門弟であり、徳川直系の小諸城大匠棟梁としてその任務を果たした。

芳隣は、明和年間(一七六四~七二)の小諸城三の門の造営の際、設計ならびに工事の任にあたった(石倉文書による)。

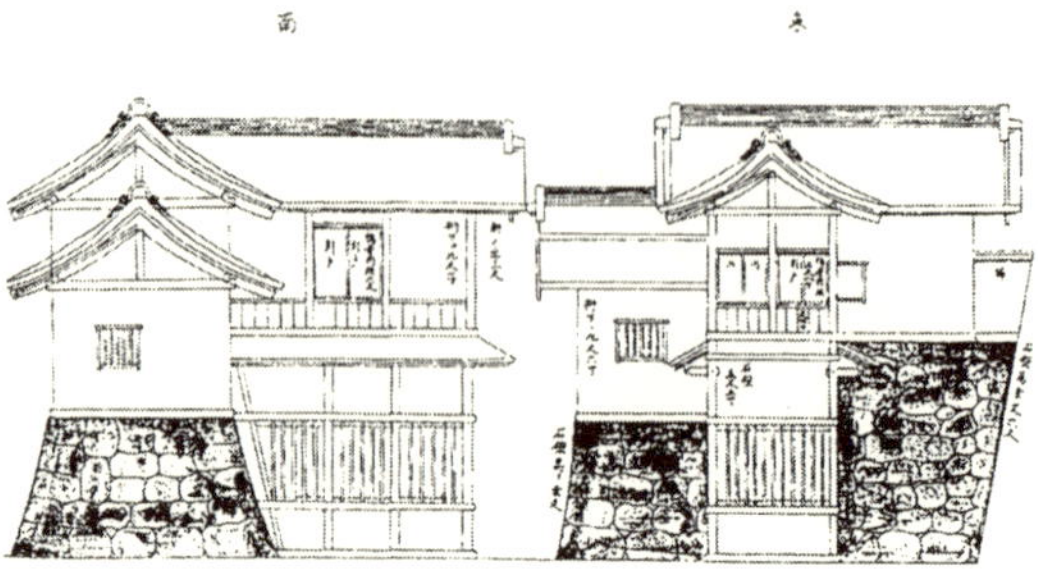

小諸城城郭絵図　水矢倉

小諸城棟梁の系図を示すと、
石倉源七郎穂積重就—石倉源七郎重定—石倉源七郎古武（芳隣）—源七郎武伸—古武門人の高橋荘七郎福昌—塩崎仲之助義門—石倉仁左衛門重通—石倉退蔵重典—石倉歳次郎
と甲良流を引き継いでいる。

また、石倉芳隣は、甲良流のほか、明の遺臣「朱舜水《しゅしゅんすい》」の薫陶をうけている。ちなみに朱舜水は、明朝五大師のひとりに数えられたほどの儒学者である。明の末期（一六六五年）に日本に渡り、水戸光圀《みつくに》に招かれ厚く遇された。博学で経世・済民・実用・実学に優れ、その学問思想は水戸学に偉大なる感化を与えたとされる。

芳隣は、『朱舜水談綺』を抜き書きし、その規矩《きく》術★を学び「巻物の家宝」として伝えた。石倉家が甲良流を引き継いでいることが理解できよう。

石倉文書目録と絵図は、石倉芳隣の末裔、東京在位の石倉正雄一級建築士から、平成十二、十三年にわたり小諸市に寄贈されたものである。

次の四分類に仕分けし、小諸市教育委員会で保管している。

①小諸城城郭絵図

石倉芳隣が、宝暦年間（一七五一〜六四）に画いた絵図一一〇点を収めている。この城郭絵図は、時代と量と質において、江戸城のそれに次ぐものといわれ、

▼規矩術
指矩（差金とも）を用いて垂木や隅木などの建築部材の実形を、幾何学的に割り出し、材木に墨付けをする技術。

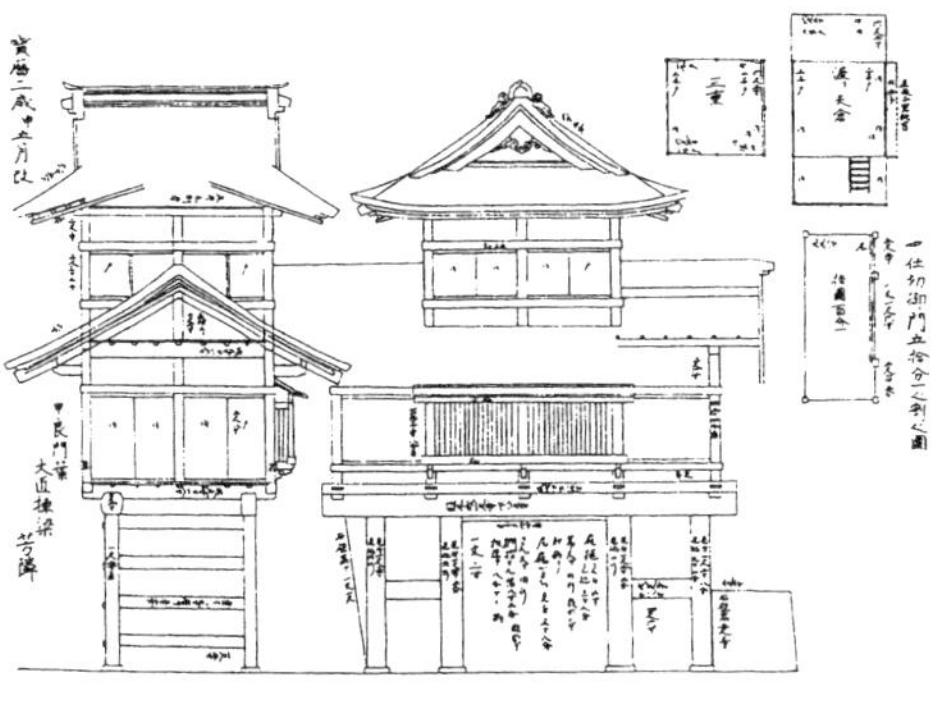

小諸城城郭絵図
中仕切御門

小諸市重要文化財に指定されている。

②前　編

主として、中国古来より伝承されたと思われる規矩術に関するもので、七〇編を収めている。朱舜水に学んだ規矩術の巻物をはじめ、甲良流の武家雛形《ひながた》（いろいろな門の造り方）・棚雛形・小坪雛・数奇屋《すきや》・宮・軒廻・隅矩《すみがね》・大工雛形などの建築設計製図工法に関する文書である。

関連技術として、木割・彫刻・絵画・測量などの工学文書があり、建築技術史として得難いものであり、建築学的価値が高い。ちなみに、工業高校建築科で用いられている教科書「建築史」は美術史的内容である。

③中　編

ここでは一七五編を収めている。

棟梁として築城の技術をもつことは当然であるが、更に構造力学・住居・戦争・権威・品性など城郭の特性を具現し、発揮させるためには、豊かな創意発想が大切である。リーダーたる大匠棟梁には、その教養として語学・哲学・医学・芸術・文学などの熟達が求められた。したがって研鑽された文書は多彩である。

一例を挙げると、四書五経（中庸《ちゅうよう》・論語・孟子《もうし》など）・茶の湯・医道一貫・武林伝・方田税賦に至るまで、家庭の充実のための童訓・庭訓などにまで至っている。

専門技術を発揮するため、客観的・マクロ的判断ができるように学んだと考え

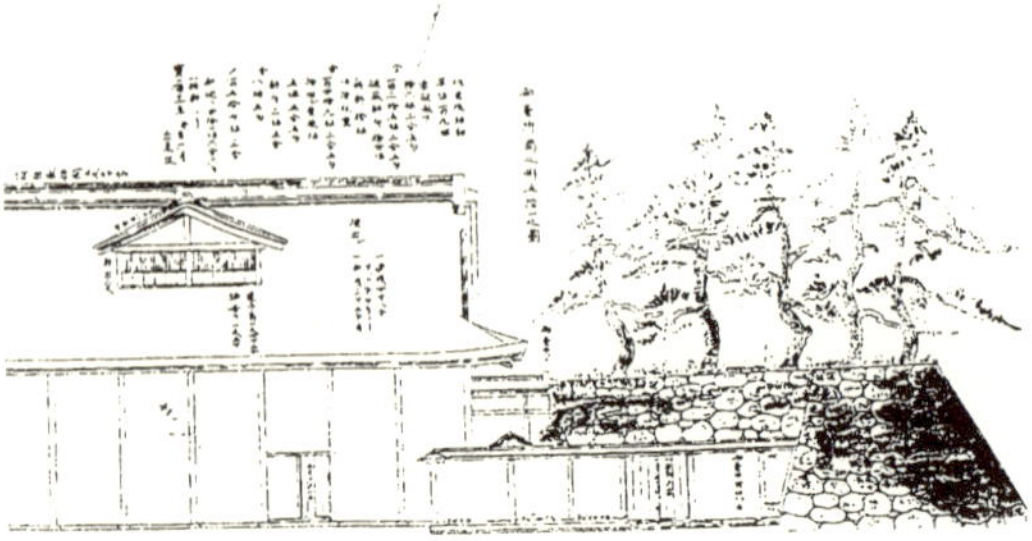

小諸城城郭絵図
御本丸御台所

られる。

④後　編

古文の切り抜きのほか、城内の日常記録・修造記録・見聞集・石細工濫・乾材法・門記・堂記・殿記などに関するもので、一〇七編を収めている。城内の生活を知る貴重なものである。

以上、石倉文書四六〇点について、おおまかな解説を加えたが、歴史研究者からも大変貴重なものであるとの指摘もあり、教育委員会においても、破損なく永久に保存されることを望むものである。（以上は、小諸市文化財審議会副会長・田中照作氏がまとめたものを中心にした解説の概要である。）

そのほかに「小諸御城之図」（滝原・白鳥家文書）がある。

小諸城域は、瓦御門・三の丸・三の門・二の丸・御本丸・馬場などを含む城域である。三の丸は一六六〇・二四坪、二の丸は一八〇坪の御屋形、空地二三七坪、御本丸は四八五坪の御屋形、明地四一八三坪、同所の石垣五三九坪、同所の石垣一七二坪、西側の馬場を含む城地五三〇〇坪と記されている。

この絵図は、旧家の土蔵から発見されたもので、曲輪ごとに面積が記されているのは初めてである。

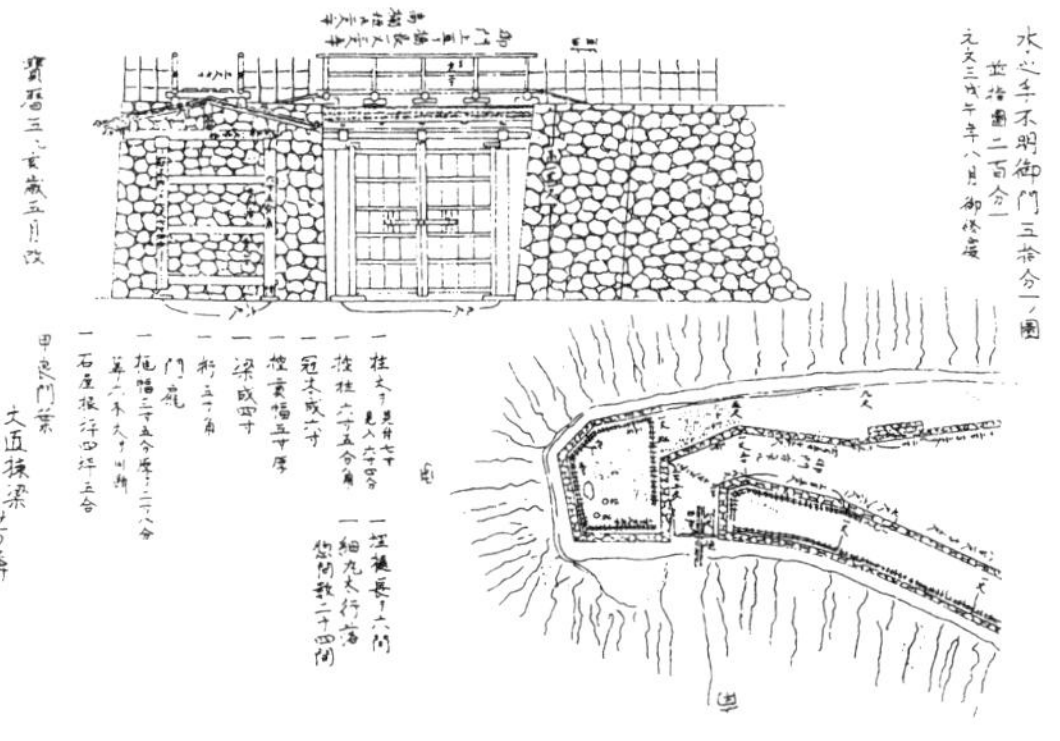

水の手不明《あかず》御門

小諸城城郭絵図

③ 幕府領と旗本領

江戸幕府は、武家諸法度や課役の統制に従わない大名に対して改易・転封・減封などを行い、武力による強圧的な支配、武断政治によって幕藩体制を確立した。天領（幕府直轄地）によって財政を豊かにし、旗本領によって軍事力を強化した。

幕府領

佐久郡一郡が小諸藩仙石氏五万石の領知となったが、以後藩主交代のたびに藩領は縮小され、元禄十五年(一七〇二)頃から佐久郡は次のように分割支配された。

①元禄十五年　小諸藩・牧野康重《やすしげ》（一・五万石）
②元禄十六年　岩村田藩・内藤正友《まさとも》（一・六万石）
③宝永元年(一七〇四)　田の口藩・松平乗真（一・二万石）

御影陣屋は徳川幕府の直轄領支配の代官所である。元禄十二年、御影新田村の開発者柏木小右衛門の屋敷内におかれ、東西一七間、南北三五～四〇間であった。天和二年(一六八二)の平賀をはじめ前山・臼田・高野町・坂木などと変遷したが、寛延二年(一七四九)中之条（埴科郡坂城町）の出張陣屋として再置され、以後明治維新で廃止になるまで、約百三十年間の陣屋であった。

御影陣屋址

九〇カ村、高三万石の幕府領を支配し、代官（江戸詰めで江戸在住）・手代《てだい》・手付《てつけ》などの支配役人四人と、追分《おいわけ》宿の貫目《かんめ》改《あらため》詰めの一人を加えて、幕府領の年貢・出納・戸籍・土木・警備・裁判・街道の荷物の貫目改などの業務を行った。

御影新田の道祖神《どうそしん》祭りは、陣屋の役人を慰めるために始められたという由来をもっている。「五穀豊穣」「天下泰平」「交通安全」「新生児誕生」「無病息災」などの願いをこめた道祖神祭りで、現在も続いている。

旗本領

旗本《はたもと》領は計二万四百石余で、その内訳は次の通り。

①下県《しもあがた》知行所《ちぎょうしょ》　松平康顕　五千石
②岩村田知行所　内藤正真　千石
③高野町知行所　水野忠穀　七千石
④根々井知行所　水野忠照　二千四百五十七石
⑤禰津知行所　松平忠節　五千石

知行所では、常駐する役人が年貢・戸籍・出納・警備・裁判を扱う。幕末期の大政奉還後、尾張領・伊那県・中野県と三転し、明治四年（一八七一）長野県管轄に編入される。

御影新田道祖神祭り

これも小諸

無類力士　雷電為右衛門

現在の長野県東御市の出身。明和四年(一七六七)生まれ、文政八年(一八二五)二月十一日に五八歳で没。本名は関太郎吉。小諸藩城主の精米所、御摺屋御用達柳田藤助の家僮《かどう》(召使)となり、相撲の修業をした。精米二俵を両手で取って馬鞍の両方に置き、独りで結束するほどの力持ちであった。天明八年(一七八八)松江藩に召し抱えられ、寛政二年(一七九〇)十一月の江戸相撲で西の関脇に付け出された。

六尺五寸(一九七センチ)、四五貫(一六九キロ)の巨体と怪力とで無類の強さを発揮し、幕内通算の成績は二五四勝一〇敗二分一四預五無、優勝相当の成績二五回のうち、全勝の場所が七回、四四連勝を含むという驚異的なものであった。最終場所は文化八年(一八一一)閏二月。

四四歳で現役を引退した後は松江藩の相撲頭取となり、力士の世話や後進の指導につとめ、その間に『萬御用覚帳』を残している。また、現役中および引退後も巡業の記録『諸国相撲控帳』を克明につづっていて、いずれも貴重な相撲史資料である。

雷電の強さを伝える挿話として、相手がけがをするので雷電の張り手、閂《かんぬき》、鉄砲(現在の突っ張り)が禁じ手とされたというが、史実としては実証されていない。また、雷電が横綱免許を手にしなかった理由には諸説があるが、正確な理由は不明で謎となっている。

東京都江東区・富岡八幡宮にある横綱力士碑には、歴代横綱の名とともに「無類力士雷電為右衛門」と刻まれている。

(『相撲大事典　第二版』現代書館参照)

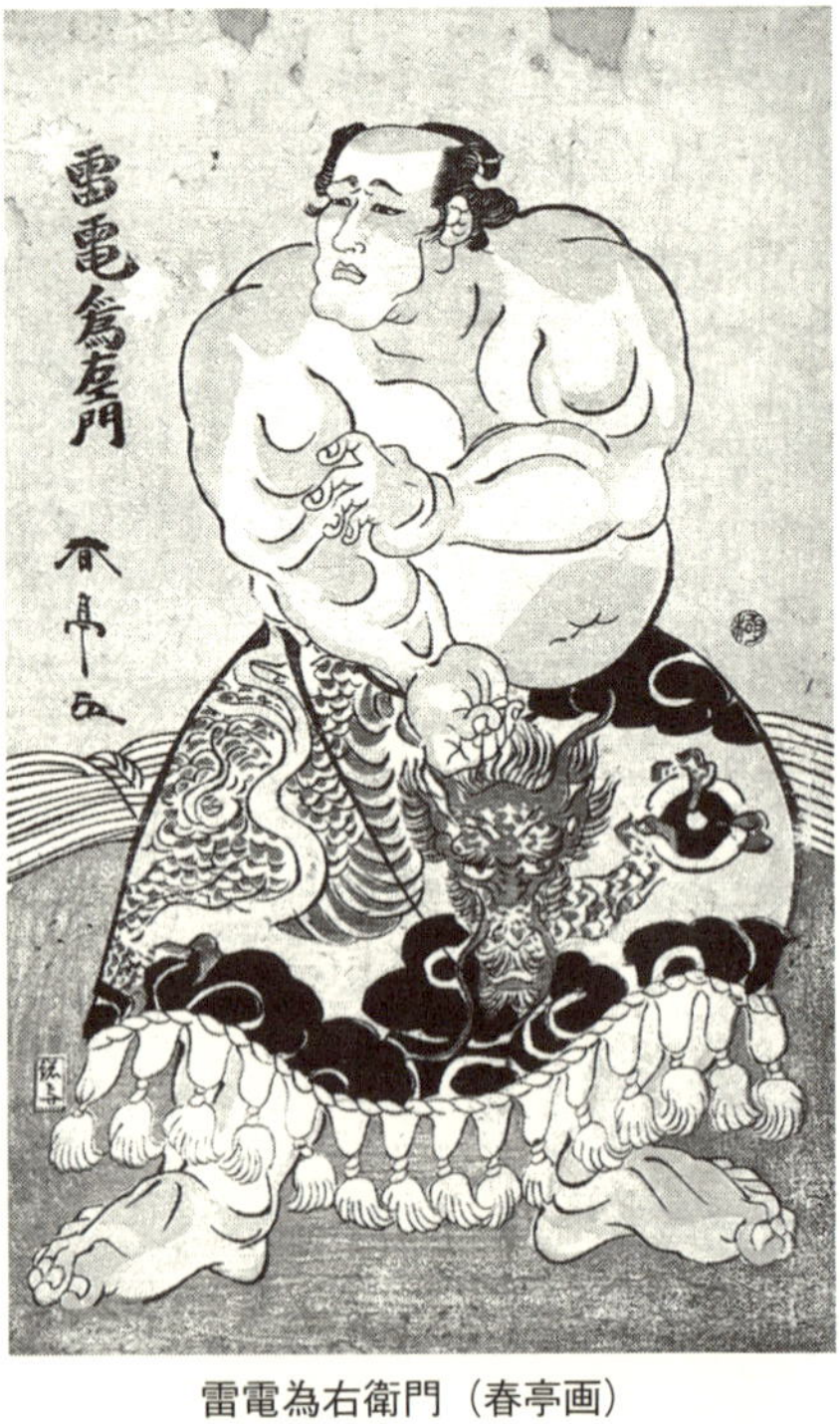

雷電為右衛門(春亭画)

第四章 小諸藩主の変遷と治世の歩み

八氏十九代の藩主の治世とその時代。

①江戸前期の藩主の変遷と治世

江戸前期は藩主の転封や改易もあり、そのたびに減封されていく。
小諸城の修築が終了し、小諸藩の充実期であるが、また反面、騒動などもあり動揺期でもあった。
用水の開削や新田開発など藩の治世には注目すべきものがある。

戦国期から小諸城の争奪に関わった諸将は多い。そのうち大井氏・武田氏・織田氏・北条氏・徳川氏・依田（松平）氏などについては、すでに述べてあるのでその治世の概要は割愛する。

以下、仙石氏から石川氏まで七氏九代、天正十九年（一五九一）から元禄十五年（一七〇二）まで、約百十年間の各藩主の治世について誌す。

仙石越前守秀久、領知五万石

初代の小諸藩主は、武勇で知られた仙石秀久《せんごくひでひさ》である。秀久は小諸城の修築、城下町整備、街道の伝馬制度など多様な治績を残している。民政にも意を用いたであろうが、結果的に圧政の中で「苛政虎より激し」と領民の反発を招き一郡逃《ちょう》散《さん》★となる。以下、秀久の治世を整理する。

①天正十三年所領を讃岐国にもち、同十四年九州征伐のとき、豊臣秀吉に軍令違反で領知を没収され、流浪の身となる。

②同十八年小田原征伐のとき、「無」の馬標《うまじるし》を付けて馳せ参じる。先陣の目付《めつけ》となり、軍功を立てて、家名を再興し、信濃国小諸城（五万石）を与えられる。同十九年入封する。

③文禄二年（一五九三）、父久盛《ひさもり》の三十三回忌を小諸松井の歓喜《かんぎ》院で行う。この年、小諸城下荒町に同寺を移して宝仙寺と改め、上田移封のとき芳泉寺と再び改める。

④慶長元年（一五九六）、小諸城外郭の濠を掘らせて、用水を開削する。足柄門、および城内の鎮守鹿嶋の祠を建立する。

⑤同二年、岩間忠輔、土屋右京野左衛門らに命じて芦田宿を造る。

⑥同五年、関ケ原の戦いのとき、居城小諸で北国筋の鎮撫を命ぜられる。徳川秀忠が、関ケ原に向かう途次、上田の真田氏に阻まれやむなく小諸城に滞在する。海応院の康厳禅師の尽力で、真田氏との和睦が整う（第二次真田合戦）。

⑦同七年、中山道の伝馬・駄賃の制を定める。笠取峠に松並木を植え、宿場町を整備する。松並木一〇〇本余が現存し、長野県天然記念物になっている。

▼逃散
家屋敷・田畑を捨て逃亡する。

無の馬標

中山道笠取峠の松並木

同九年、東山（中山）道および北国の諸街道を修理し、二十余の一里塚《いちりづか》を築く。
⑧同十年、小諸城二の丸に水櫓を築く。
⑨同十三年、望月八幡宮を八幡小路に移す。
⑩同十五年、小諸城の改修、城下町づくり、街道の整備、一里塚の築造、並木の管理、伝馬の制度など、過酷な課役により田地はすたれ荒原となり、佐久一郡は逃散のピークを迎える。
⑪同十六年、北国街道の宿駅・伝馬制を制定する。同十七年、城内三の丸に櫓門（大手門）を、本丸近くに黒門を建立する。
⑫同十九年、秀久は江戸から小諸へ帰る途次、病で武蔵国鴻巣《こうのす》（埼玉県）で逝去する（六四歳）。在城二十四年。法号は円覚院殿宝誉道樹大居士。

仙石兵部大輔忠政、領知五万石

二代藩主となった忠政《ただまさ》は、一郡逃散の混乱から安定した藩政をめざした。そして、大坂の陣の軍功と尽忠により一万石を加増され、領知六万石で信濃国上田へ移る。その間の治世は次の通り。
①慶長十九年（一六一四）、父秀久の遺領を継ぐ（在城八年）。二代将軍秀忠の一字を賜り久政を忠政と改める。大坂冬の陣に出陣し、第一列に加わる。

永楽銭　仙石氏の家紋

②元和元年（一六一五）、一郡逃散の百姓を帰村させる。同年、大坂夏の陣で先隊として伏見に布陣し、大坂城を落城させ、豊臣氏滅亡に軍功を立てる。
③同三年、各郷村の収量表示を貫高制《かんだか》★から石高制《こくだか》★になったことを示す。
④同八年、父秀久の関ケ原の戦いでの戦功と、忠政の大坂の陣の先鋒隊などの軍功と尽忠により、加増一万石を賜り、領知六万石で上田藩へ移封となる。秀久が小諸藩主となってより三十三年での国替《くにがえ》である。
忠政は寛永五年（一六二八）没した。五一歳。法号は法光院殿天庵宗智大居士。

▼貫高制
銭高で土地の面積を表す制度。

▼石高制
玄米の標準生産高で知行の大きさを表す制度。

徳川大納言忠長（忠良）、領知六万石

仙石氏の転封後、佐久郡一円を幕府領とし、将軍家が城代《じょうだい》や代官をおいて小諸領を支配する。
①徳川忠長《ただなが》は、二代将軍秀忠の三男（家光の弟）で甲斐国府中藩主（領知二十万石）であったが、元和八年（一六二二）加封されて、小諸領を二年間領有する。城代は屋代越中守秀正・三枝土佐守昌吉・依田守直（城番）、代官は設楽《しだら》権兵衛・岩波七郎右衛門・平岡岡右衛門が務める。
②寛永元年（一六二四）、忠長が駿河国駿府（静岡）へ転封となる。領知五十万石となり、佐久郡二万六千余石は駿府領として残される。

徳川葵　徳川氏の家紋

③寛永六年、佐久郡の各郷村（佐久に残した駿府領）の検地《けんち》を行う。
④寛永十年、忠長は狂疾にして狂暴のふるまい多しとの理由で、領知を没収される。駿府領の佐久領二万六千余石は幕府領となる。甲府に蟄居を命じられた忠長は、更に上野国高崎藩主・安藤右京進《うきょうのしん》重長《しげなが》にお預けとなり、十二月六日、高崎大進寺で自害する。二八歳。法号は峯巌院殿清徹暁雲大居士。

松平因幡守憲良（忠憲）、領知五万石

次に入封した松平憲良は、五カ寺を小諸に開基するなど、その治世は小諸城下町に大きな信仰心を育てる。さらに寛永の検地と新田開発により、領内の安定を図る。
①憲良は寛永元年（一六二四）、美濃国大垣より一二歳で小諸に入封する。佐久領三・五万石（九一カ村）、小県領一・五万石（一二三カ村）、計小諸領五万石を領知する。
②五万石のうち、小県郡禰津五千石を庶兄采女《うねめ》忠節に分知する。忠節は、寛永元年に禰津旗本領を拝領する。
③荒町の光岳寺・宗心寺を創建する。実大寺・尊立寺を大垣から赤坂に、のち田町へ移す。田町に応興寺を大垣から移転する。以上の五カ寺は、松平氏の

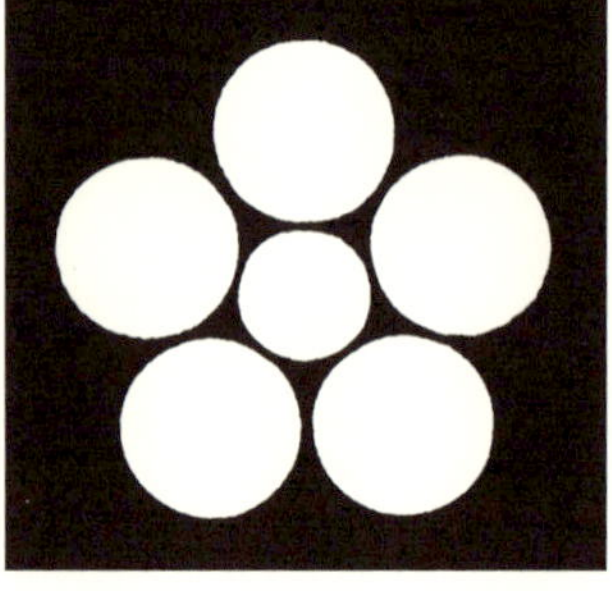

星梅鉢　松平氏の家紋

菩提寺である。

④寛永三年に「三重の天主雷火により焼失」という記録もあるが、年次は定かではない。

⑤同六年、小諸領の検地を行う。年貢の額や比率・割合を示した「免相定の事」の古記録が各所に残る。

⑥小諸藩の四大新田といわれる市川五郎兵衛の五郎兵衛新田など、武田信玄の旧家臣で帰農して土豪となった者に開発させたり、用水の開削を奨励したりする。耕地の拡大は藩財政に寄与し、領内の治世の安定が図られた。

⑦寛永年中に、本丸御殿の普請を行う。

⑧正保四年(一六四七)、憲良は二八歳で逝去する。法号は高樹院殿月山宗江居士神儀。嗣子なく除封となる。松本藩主水野忠胤《ただたね》が、城番という形で小諸領を預かる。

⑨憲良の弟数馬(良尚)が、一万石の領知で下野国那須氏の名跡を継ぎ、慶安二年(一六四九)康尚と改名して、伊勢国長島へ移封される。

青山因幡守宗俊、領知三万石

青山宗俊は小諸在城の十四年間、常に民治に意を用い、特に不毛の地を拓いて

松平憲良の墓碑

殖産の道を講じた。

①父青山忠俊《ただとし》は老中を務める。慶安元年（一六四八）、宗俊が小諸に領知三万石で入封する。この頃、市町と本町に市が立つ。

②同二年、城内五軒町の海応院を荒町の華林院跡地に移し、菩提所とする。

③同三年、柏木小右衛門の御影新田など、各地域で新田開発や植林事業などが行われ、殖産が進められる。

④寛文二年（一六六二）三月、加恩二万石の領知で大坂城代に、次いで同年五月、丹波国篠山《ささやま》に移封される。

⑤西新田が滝原から、糠地村が井子から、乗瀬が八満の本郷から枝郷として分立する。

⑥同二年五月から七月まで、越後国村松藩主の堀丹波守直吉が小諸城の城番を命ぜられ、目付と代官が支配する。

次に、血と汗の結晶ともいえる、御影用水の開削の詳細を記す。

開削者柏木家は武田信玄に仕え、与良《よら》・松井・柏木などを領有した土豪で、のち依田（芦田）氏や徳川忠長にも仕えた。その後柏木に引退し、青山宗俊の代に御影用水の開削に着手した。

御影用水は水源が二カ所あって、ひとつは小浅間および鼻曲峠の間から引いた「千ケ滝上堰」（全長二〇キロ）、もうひとつは湯川から取水した「湯川下堰」（全

佐久四新田の開発

新田名	開発者	開発年代
五郎兵衛新田用水	市川五郎兵衛	寛永七年（一六三〇）
御影新田用水	柏木小右衛門	慶安三年（一六五〇）
塩沢新田用水	六川長三郎	正保三年（一六四六）
八重原新田用水	黒沢嘉兵衛	寛文二年（一六六二）

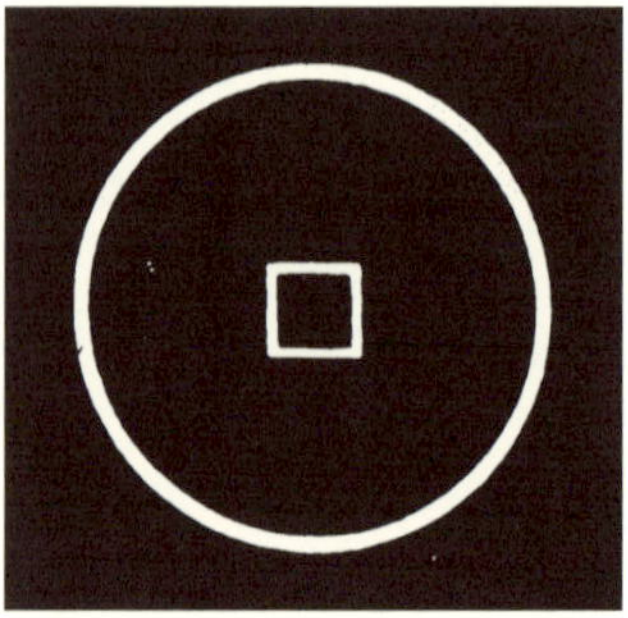

青山銭　青山氏の家紋

長二八キロ）である。

御影用水は、御影新田の開発人柏木小右衛門の発掘にかかるもので、慶安三年（一六五〇）竣工した。二流とも沓掛《くつかけ》・借宿・追分《おいわけ》地内を西下し、御代田村字抜井尻に至り下堰より水一升二合を同村児玉組に、また同村字大谷地にて水一升、同所より五六間下流において、水四升五合を岩村田町に分水する。いずれにも枡口が設けられていた。それより追分字反下に至り、二堰が合流して一流となる。

水源より合流に至るまでは上堰五里、下堰七里である。堰の幅は平均およそ九尺（二・七メートル）であるが、それより小沼村字馬瀬口地内の笹沢に至り、長さ三間、幅五尺の掛樋をもって通水する。前田原組・御代田地内・御影新田・三岡村の田地用水として潤し、千曲川に注ぐ。

初め水路開削は難工事であり、弁才天の西およそ三～四町の間はいかに工夫をこらしても水が漏れて通水できなかった。苦心惨憺の結果、小右衛門の妻女の献策により、綿を堰底に敷きつめることで通水が可能になったという。そこで綿埋堰と称したが、天明三年（一七八三）の浅間大噴火の際、長倉地籍の大部分は灰のために埋没してしまった。

妻女の献策と堰の工夫の物語は以下のようである。小右衛門は、追分原（古宿から借宿の間）の開削方法をしばしば模索していた。そして妻の藤野が、その後ろ姿を見つめている。藤野もかつて、上野国藤岡の地で、戦国時代の武士として

御影用水分水枡

空しく生涯を終えた父の姿を見ており、今小右衛門の妻となり、この夫に何としても、光をあてなければとの思いをもっていた。このとき藤野に閃くものがあった。

藤野は、夫小右衛門にひとつの思案を話す。——左官が壁を塗るときに藁を鋤き込むが、代わりに真綿を堰底に敷いたらどうか、と。

小右衛門はこの献策に閃きを得て、早速現場に戻り、如何にしたらと試行錯誤を繰り返し、その結果ひとつの方法を試行する。その結果、考え出されたのが綿埋堰である。地中に水が吸い込まれる難題を解決し、更に湯川からの下堰開削の計画を練る。幸いなことに下堰は、追分原の下のほうを通す計画なので、困難な箇所も少なかった。ただし、水路の土堤を築いたところ沢蟹が穴を掘り、水洩れが激しいという記録が残っている。

下堰の開削により水量は多くなり、上下の堰をあわせると、御影新田以外の地区にも分水できるようになった。

この御影用水開削の事績は大きく、やがて五十年後の元禄十二年(一六九九)には、領知九〇カ村、高三万石は幕府領に組み入られ、幕府の財源となる。以上が、柏家第十一代当主の柏木易之の話である。

次に、開削の経過を記した難解な碑文があるので、著者が意訳にして示す。

「粤に」（発言にあたって発する語で）、「千加瀧用水開削の由緒を誌す」という意味が、「粤に」という文字の後に続いているものと考えるべきものであろう。

農夫などが、荒蕪（土地が荒れはてる）の地がいまだ開削（きりひらく）されないのを歎く日々である。

千加瀧の流れが浅間山の山麓にあって、瀧とよばれる場所があり、この潼（高い所から落ちる滝）の水は、漾（ただよい動いている）の有様である。

そこで、当郡の領主（小諸藩主）藤原朝臣青山因幡守《いなばのかみ》宗俊《むねとし》公（慶安元年〈一六四八〉から寛文二年〈一六六二〉まで、在城十四年）も、荒蕪の地に水を導いて、すみずみまで行きわたるように、開削したいと志す先駆者と、志を同じくして用水・新田開発に取り組んだ。

宗俊公は、緒形兵右衛門尉長政（小諸藩家老）を潼事《とうじ》（用水や新田開削の仕事）の検校《けんぎょう》（管理者）に任命し、工事に着手した。

初めに孔（開掘した水路）をつくる仕事に千人の農民が日に集い、不年（一年も経過しない期間に）、人力でこれを掘り仕上げ、ついに成功する。

藩主の用水・新田開発への熱意が実を結び、用水開削工事が完成する。

流水万物を潤すこと雨の如く、暮らしを楽にし、人々を繁栄させ、民意（心）の安定に尽力したこと、春の恵みのようである。

慶安三年庚卯月吉辰（吉日）

至時奉行人（命をうけて執行する者）

水科喜太夫　（本町の名主）

佐藤佐五右衛門（滝原の名主）

小山八左衛門（北大井の名主）

土屋市左衛門（追分の名主）

小諸藩の代官を務める

潼水見立人（用水の発見者・開削者）

柏木小右衛門

小林作左衛門　竿師（測量）

柏木小右衛門が三百五十年前に流した血と汗の結晶、御影用水（千ケ滝用水）は、昭和四十六年（一九七一）現在六カ町村、四八六ヘクタールの田地を潤している。現在も受益面積を拡大し、増産効果をもたらしている。

御影用水・御影新田の開削者柏木小右衛門と内助の功を立派に果たした妻藤野の功績が称えられ、それは未来永劫に語られるものであろう。

酒井日向守忠能、領知三万石

寛文《かんぶん》の総検地は酒井忠能《ただよし》の治世の代表的なもので、石高《こくだか》算定の基準となり、古

丸に剣片ばみ　酒井氏の家紋

絵図などの基本になった。しかし増税や諸運上など圧制により、逃散や後述の芦《あし》田《だ》騒動を招いて藩主は交代する。

①祖父の酒井忠世《ただよ》と兄の酒井忠清《ただきよ》は老中を務めている。寛文二年（一六六二）忠能が上野国伊勢崎藩から小諸領三万石領知で入封する。

②寛文八年、城山や往還に並木を植え付ける。

③同十年、寛文の総検地を行う。用水・新田の開発が進み、再検地の必要に迫られたためである。現在も旧庄屋（名主）の家に「寛文検地帳」が保存され、また、古地図や屋敷割図など緻密さ・正確さをもつものが多数残されている。

④延宝六年（一六七八）の検地により年貢が増加され、雑税として家・窓・妻・板敷・家畜などまでに諸運上《うんじょう》★が課された。未納のときは、代わりに家財・俵・石臼・農具などが没収され、過酷な圧政が続いた。対抗する術のない百姓は餓死したり、乞食となった者もいた。また領地から逃散したり、ついには芦田騒動が起きる。

庄屋が小諸藩へ訴え出るがとりあげてもらえず、川西の百姓は総決起して幕府に強訴《ごうそ》する。幕府は首謀者を断罪し、藩主酒井氏を移封させ喧嘩《けんか》両成敗《りょうせいばい》として芦田騒動を決着させた。

「地獄極楽さかい（酒井）にて」、「日向出てゆくおき（隠岐守）は極楽」（移封される忠能（日向守）、入封する西尾氏（隠岐守）を詠んだもの）といった落首

▼運上
雑税の一つ。

★に語り伝えられた芦田騒動である。民意を代弁した落首である。黒門橋の掛替えが二回行われる。

⑤忠能奏者番を務める。延宝七年、忠能は駿河国田中城へ移封となる。領知四万石。小諸在城十七年。

天和元年(一六八一)、勤仕の怠慢により領知を没収される。

▼落首
時事をあてこすった狂歌。

西尾隠岐守忠成、領知二・五万石

西尾忠成は「領内法度《はっと》」を示して、苛政や騒動の後始末、領民の心得、年貢、藩役人の心得など多岐にわたって治世の安定に意を用いた。

①延宝七年(一六七九)、酒井忠能と領地交換し、忠成が駿河国田中城から移封される。領知二・五万石、七四カ村。在城三年。同八年、忠成は以下のような「領内法度」を申し渡した。――年貢割付などは高低・不公平のないようにし、小百姓に至るまで知らせ、代官の指図に従い、検見《けみ》など役人の郷村《ごうそん》出役《しゅつやく》の場合は、御馳走や酒など一切禁止するなどである。藩政改善の真意が、この法度から感じとれる。

②天和二年(一六八二)、佐久郡における幕府直轄地（天領）に平賀陣屋がおかれる。

櫛松　西尾氏の家紋

③同年、城内に大小筒の鉄砲が付置される。
④同年、忠成は遠江国横須賀城へ移封となる。

石川能登守乗政、領知二万石

石川乗政は「領内法度」十七カ条を定め、事細かに領民の統制を図るが、治世半ばで逝去する。

①延宝七年（一六七九）、常陸国小張藩に在城中、乗政は幕府若年寄を務める。
②天和二年（一六八二）、小張藩から小諸藩へ移封となる。佐久・小県《ちいさがた》両郡のうち領地二万石。奏者番に勤仕。
③同年七月、十七カ条の「領内法度」を定めて治世をする。その内容は、キリシタン宗門、五人組、街道伝馬の整備、田畑耕作、理不尽の儀など、領民の統制を細分化し、法治のもとに治世の実をあげようとした。
④同三年、姥ケ懐新田を開発する。
⑤貞享元年（一六八四）、乗政は「領内法度」の治世半ばで小諸城内に没した（四八歳）。城内鹿嶋曲輪《くるわ》の一角、乗政寺へ葬られる。法号は瑞祥院殿感厳道応大居士。

丸に鬼つた　石川氏の家紋

石川能登守乗紀、領知二万石

父乗政の後を継いだ乗紀《のりただ》は、「領内法度」の遺業を継承して治世の安定を図る。三百年の歴史と伝統をもち、今に伝わる城付鎮護神八幡宮の御祭礼八朔角力《はっさくすもう》をはじめ、領民の祭礼行事を保護し、多くの文化財が残される。

①貞享元年（一六八四）、乗紀が父の遺領二万石を領知する。「石川乗紀宛徳川綱吉領知状」によると、「信濃国佐久之郡内三五ケ村、小県之郡内八ケ村高二万石事。之宛行。領知とすべき也。仍如件」とある。

②同二年、小諸城鬼門《きもん》除《よ》けの実大寺を赤坂から田町に移す。同三年、柏木の小山才兵衛が藤塚新田を開く。

③元禄二年（一六八九）、この頃瓦門の屋根替えを行う。

④同四年、八幡宮御祭礼が九月一日に改まり、荒町の庄屋矢ケ崎六左衛門のとき、新たに角力の世話を町内に仰せ付けられ、藩主が御覧になったという。

⑤同八年焼失した中仕切門《なかじきり》を再建すると。

⑥同十二年、御影陣屋が設置される（のち寛延二年〈一七四九〉幕府直轄地として再置される）。

⑦同十五年、牧野康重《やすしげ》が小諸藩主として入封のときの書き上げによると、それ

八幡宮祭礼八朔角力（子ども衆）

以前から祇園《ぎおん》祭の祭礼行事として「ささら踊り」が伝承されていたといわれる。「白鷺《しらさぎの》 海乃《うみの》 遠中《となか》に 巣乎掛天《すをかけて》 浪《なみ》に由良礼天《ゆられて》 羽安止《ばあんと》立知《たち》候《そうろう》」。

同十五年、乗紀は美濃国岩村へ移封となり、石川氏の菩提所「松石山乗政寺」も岩村へ移る。石川乗政・乗紀父子二代、二十年にわたる治世である。

祇園祭礼行事ささら踊り

②江戸後期、牧野氏十代の治世

徳川氏の三河以来の家臣であった牧野牧野氏は、譜代大名として十代にわたって治世を行った。藩政はしばらく安定期が続くが、天変地異などに見舞われ財政困難となる。英主の治世ののち、戊辰戦争や騒動の対応に追われ、維新期に藩政は多難となる。

牧野氏の生い立ち

元禄十五年（一七〇二）の牧野氏の入封から明治二年（一八六九）の版籍奉還による廃藩まで、牧野氏十代約百六十年間の治世の歩みを追ってみる。

徳川幕府は、幕藩体制の上に立ち、「武家諸法度《ぶけしょはっと》」などで諸大名を規制し、改易《かいえき》★や転封★、参勤交代などにより諸大名は厳しい統制をうけた。

また家格《かかく》を位置づけ、諸大名は親藩《しんぱん》★、譜代《ふだい》★、外様《とざま》★に格付けされ、幕政参与も大名配置も格付けによって行われた。

改易・転封のたびに減封・加増などは相殺するどころか、ますます諸領は細分化され、財政基盤のうえからも、幕藩体制は完成されていった。

小諸藩は、天正十九年（一五九一）に仙石氏が知行五万石で入封して以来、約百十年の間に、仙石・徳川・松平・青山・酒井・西尾・石川の七大名の転封が行わ

▼改易
領地の没収、除封。

▼転封
国替《くにがえ》、領知の移動。

▼親藩
将軍家一族。

▼譜代
関ケ原の戦い以前から徳川氏に仕えた大名。

▼外様
関ケ原の戦い以後に服属した大名。

れたことは、前節で述べた通りである。

一方、領知高からみると、初め五万石（仙石）、六万石（徳川）の領知であった小諸藩は、三万石、二万石と縮小され、残りの領地は幕府領（天領）となる。その後小諸藩は、元禄十五年に、牧野氏の入封とともに安定し、以来百七十年間、明治四年の廃藩置県まで牧野氏が継承する。

牧野氏は、遠く武内宿禰《たけのうちすくね》を祖とし、三河国（愛知県）宝飯《ほい》郡牧野村に拠って牧野氏を称した。承久の乱（一二二一）に鎌倉方に属して、三河国牛久保数邑（村）の領主になる。戦国時代には徳川家康に仕え、豊臣秀吉が北条氏政《うじまさ》父子を征伐したとき、牧野康成《やすなり》は家康の麾下にあり、その先鋒として敵首七〇級をとる戦功を立てる。家康が関八州を領有したとき、康成は上野国で大胡《おおご》（群馬県勢多郡大胡町）二万石を与えられる。

慶長五年（一六〇〇）秋、関ケ原の戦いで、康成・忠成《ただなり》父子は徳川秀忠に従軍し、第二次真田合戦で、信濃国上田城に真田昌幸《さなだまさゆき》を攻めた。しかし戦いに敗れて退いたため、上野国吾妻に閉じ込められる。

同九年、秀忠の嫡男竹千代（家光）出生のときその罪を赦されて大胡に帰る。

牧野康成の長男忠成は、大胡二万石の遺領を継ぎ、大坂夏の陣の戦功により、元和二年（一六一六）七月、越後国長峰城主となり五万石を領有する。同四年、越後国長岡で一万四千石を加増され、さらに元和六年一万石の加増を受け越後国長

丸に三ツ柏　牧野氏の家紋

岡藩七万四千石を領有する。

以来、牧野氏は徳川譜代の大名として長岡藩の治績に力を尽くし、幕末の戊辰《ぼしん》戦争（長岡戦争）で官軍に破れるまで、十二代の藩主の変遷を経て明治維新を迎える。

寛永十一年（一六三四）、忠成の第二子武成《たけなり》（のち祖父の名を継いで康成）は越後国与板《よいた》（蒲原・三島両郡）一万十八石を分知され、明暦三年（一六五七）与板城に移る。以後二代康道、三代康重と元禄十五年（一七〇二）まで四十六年間、長岡藩の分家与板藩を継承していく。元禄十五年十一月、与板三代藩主の牧野康重は、五千石を加増されて、信濃国小諸藩一・五万石の領主として入封する。

小諸藩のしくみと職制

藩政の最高職は家老《かろう》（定員二名）で、藩政の総轄をする。その下に用人《ようにん》（定員二名）がいて、家老を補佐した。ほかに江戸詰めの家老（一名）と用人（二名）が江戸屋敷に常駐して、江戸における小諸藩の庶務や外交を総轄していた。

小諸藩（牧野氏）の職制

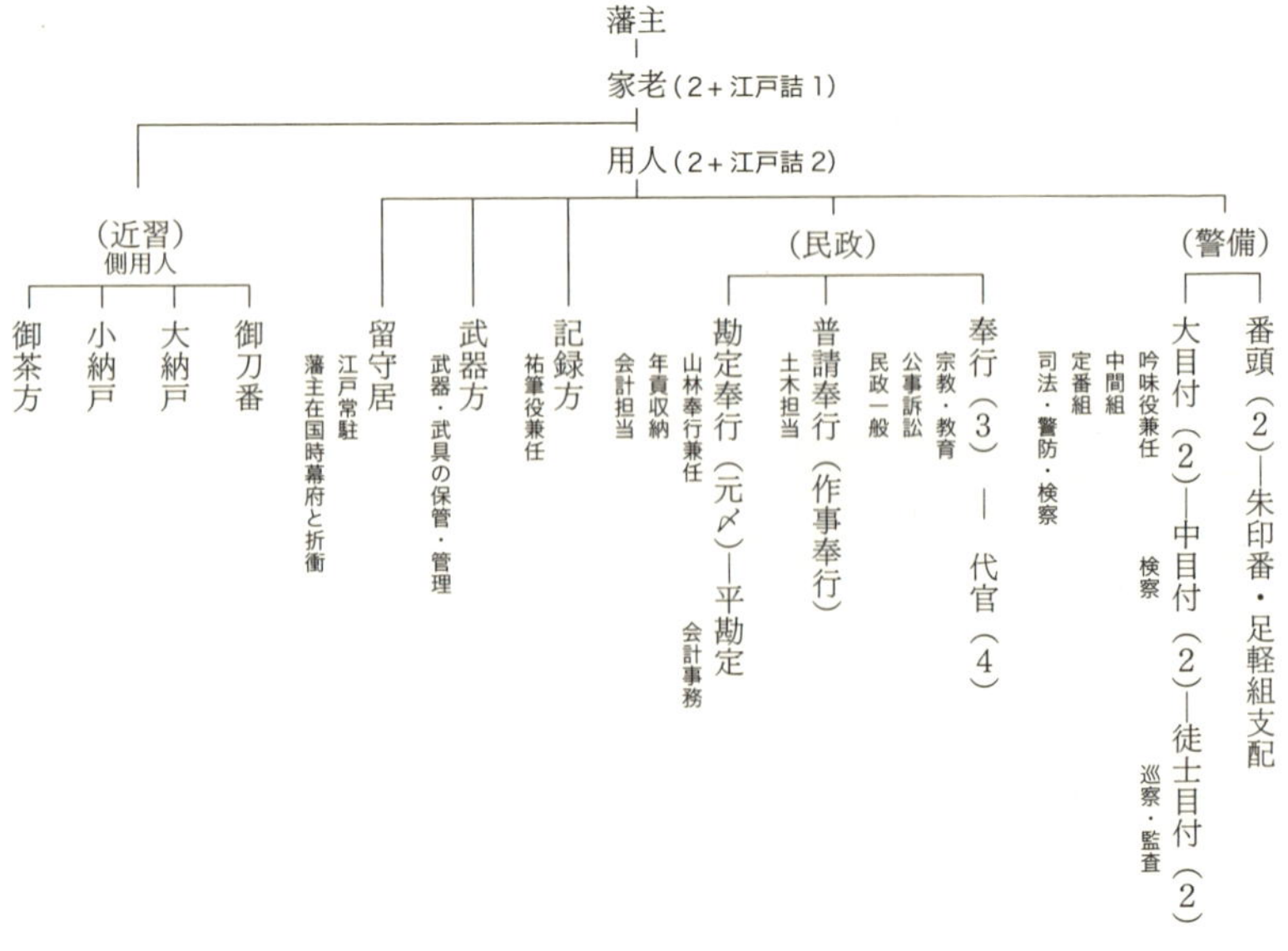

警備関係の職制には、番頭《ばんがしら》・大目付《おおめつけ》・中目付・徒士《かち》目付（各定員二名）がある。番頭は朱印番を務め、足軽《あしがる》組を支配した。大目付は吟味役を兼ね、中間《ちゅうげん》組・定番《じょうばん》組を支配し、領内の司法・警防・検察などを行った。中目付は大目付の配下で検察などに従い、徒士目付も中目付の下役で巡察・監査などが任務であった。

民政に関する諸役には、奉行《ぶぎょう》・普請（作事《さくじ》）奉行・代官の三役がある。奉行（定員三名）は、郡《こおり》奉行・町奉行・寺社奉行の役目を兼務し、宗教・教育から領内の公事《くじ》訴訟★に至るまで、広く民政一般の事務をつかさどった。代官は奉行の支配のもとで、民政の実際にあたった。町奉行は庄屋《しょうや》を通して、また郡奉行は名《な》主《ぬし》を通して、百姓の管理や徴税・訴訟などの事務をつかさどった。中堅層の藩士がこの地位につき、小諸藩領を数個に分けて管理した。普請（作事）奉行は、土木関係の担当で、城中の諸建築から藩士の住宅、領内の土木事業などの任務にあたった。

会計・財政などを担ったのは勘定《かんじょう》奉行と平勘定とであった。勘定奉行は山林奉行も兼ねていて、その責任者を元締と呼び、各村々からの年貢・租税その他の徴収、廻米《かいまい》★や払米《はらいまい》★、藩士の給禄の支給、その他藩内全般の出納会計に関する経済的事務を担当していた。平勘定はその下役で、その事務を実際に処理・遂行したのである。

このほかに記録方があって、藩内一般の記録を担当したが、祐筆方《ゆうひつがた》★をも兼ねて

▼**公事訴訟**
藩政（公）の仕事や訴えられたことを裁く。

▼**廻米**
幕府が直轄地の諸蔵に納める城米、各藩の蔵米などを、江戸廻米、大坂廻米で輸送した。

▼**払米**
年貢として収納したものを藩の財源としたり、給料などにするため蔵米を入札にして払下げたものを払米と呼んだ。

▼**祐筆方**
藩の身分の高い人に仕えて書記を担当した職。

いた。武器方は武器・武具などの管理や保管に関する一切の事務を担当した。

江戸には留守居《るすい》と称する江戸詰めの役があって、藩主が国許にいるときでも江戸に常駐していて、幕府や諸藩との折衝にあたっていた。

このような職のほかに、藩主（家族）自身に関する近習（側近）職に、側用人《そばようにん》・御刀番・大納戸《おなんど》・小納戸《こなんど》・御茶方などがあり、側用人は藩主の内向きに関する一切の事務を総轄し、御刀番は藩主の世話一切を担当した。大納戸・小納戸・御茶方は藩の公的なものではなく、藩主一家の会計・衣服・調度などに関する出納事務を担当していた。

江戸屋敷に仕える江戸詰めの職務は規模が小さいだけで、藩の職制と大差はなかった。江戸家老（一名）・用人（二名）・留守居・番頭・大目付（三名）・中目付・徒士目付・吟味役・刀番・勘定方・普請方・御蔵方・祐筆方・大納戸・小納戸などがおかれ、それぞれの職制を分担していた。

これらの役職が、執務する場所を会所《かいしょ》（御用部屋）といい、会所御長屋は、花見櫓（三の門の東側）と道を隔てた耳取町の入口前辺り（現小諸駅内の西側から東西橋の下）にあった。

御本丸屋形《やかた》には、御用部屋のほか、番頭・側用人・祐筆などの部屋も配置されていた。

封建社会では士農工商の身分制度が確立されて、武士の世界でも将軍を頂点として、大名・旗本《はたもと》・御家人《ごけにん》・藩士がピラミット形に形成され、それぞれ家の職務や地位も固定化され世襲されていた。このように社会的に格付けされたものを格《かく》式《しき》（家格・家柄）とよんだ。

小諸藩の格式は、次のように定められていた。

- 家老格（家老席）　・用人格（用人席）
- 留守居　・番頭格
- 奏者格（奏者席）　・給人《きゅうにん》格
- 馬廻《うままわり》格　・中小姓格
- 足軽（御与）　・中間、定番

初代牧野周防守康重《やすしげ》、領知一・五万石

五代将軍綱吉の生母桂昌院《けいしょういん》は、大奥で権勢をほしいままに掌握し、幕政を動かしたといわれる。その桂昌院を伯母とする牧野康重は、その庇護をうけて、譜代小藩の小諸藩牧野氏初代として、その基礎固めの治世に尽力した。

①与板藩二代牧野康道の嫡男康澄は一六歳で逝去する。そこで常陸国笠間藩の牧野備後守成貞の協力を得て、本庄因幡守宗資《むねすけ》（足利一万石）の四男伊弥吉を養子として迎え、名を康重と改め与板藩牧野氏の後継者とする。康重は一

二歳で家督一万石を相続する。

②元禄十五年(一七〇二)、五千石を加増され、一・五万石の領知で小諸藩主として入封する。牧野氏初代藩主となり、在城は二十年に及んだ。

③『寛政重修諸家譜』には、「桂昌院、折々本庄宗資の邸宅に綱吉を伴って出かけた」とある。

④懐古園の小諸徴古館に、左甚五郎《ひだりじんごろう》作の木像「喜内様（竹千代、三代将軍家光）と阿福様《おふく》（春日局《かすがのつぼね》）」が展示されている。将軍家光は乳母春日局の慈愛を忘れないために、この木像を傍らにおき、謝恩の心を持ち続けたと伝える。

のちに綱吉《つなよし》が生まれたとき、家光は桂昌院に二体の木像を与えて、綱吉養育の手本にせよと申しつけた。

桂昌院は甥の康重を深く愛し、康重が牧野家の養子になったとき「喜内様と阿福様」の木像を与えた。以来、牧野家の家宝となり、将軍家と牧野家との由緒を示す文化財となっている。

⑤同年、一ッ橋御門番を、竹橋の和田倉御門番を勤仕する。

⑥正徳元年(一七一一)、平原村の大火で八八軒が焼失する。同五年、与良橋が流失する。享保三年(一七一八)、新町を荒町と改める。

⑦享保四年、朝鮮使節来朝の迎馬御用を、同七年、日光祭礼の奉行を務める。

⑧同七年十一月八日、康重は没する。四六歳。法号は真性院殿覚誉自然歓翁大

喜内様と阿福様の木像（小諸徴古館）

居士。

二代牧野内膳正康周《やすちか》、領知一・五万石

家督を継いだ康周は、藩政の基礎固めを継続する一方、寛保の水害で壊滅的な打撃をうけた領内各地の復興や、財政の建て直しなど、積極的な治世に取り組んだ。

①享保七年(一七二二)、父の遺領を相続し、藩政を継承する。在城は二十六年間。

②同八年以降、御門番や日光祭礼奉行などを勤仕する。

③同十一年、小諸藩の払米九一二俵を松井田で焼失する。御墓所を五軒町より杁掛に移す。

④同十四年、小諸荒町より出火し、七四軒が焼失する。この頃から与良橋は落橋と架橋を繰り返す。

⑤同二十年蓼科山《たてしなやま》御林御番所を布施抜井に、塩野の御林見二名を塩野村におく。

⑥元文元年(一七三六)、藩内浅科村上原で薬用人参の栽培を始める。同四年、薬用人参の種五合をまき、

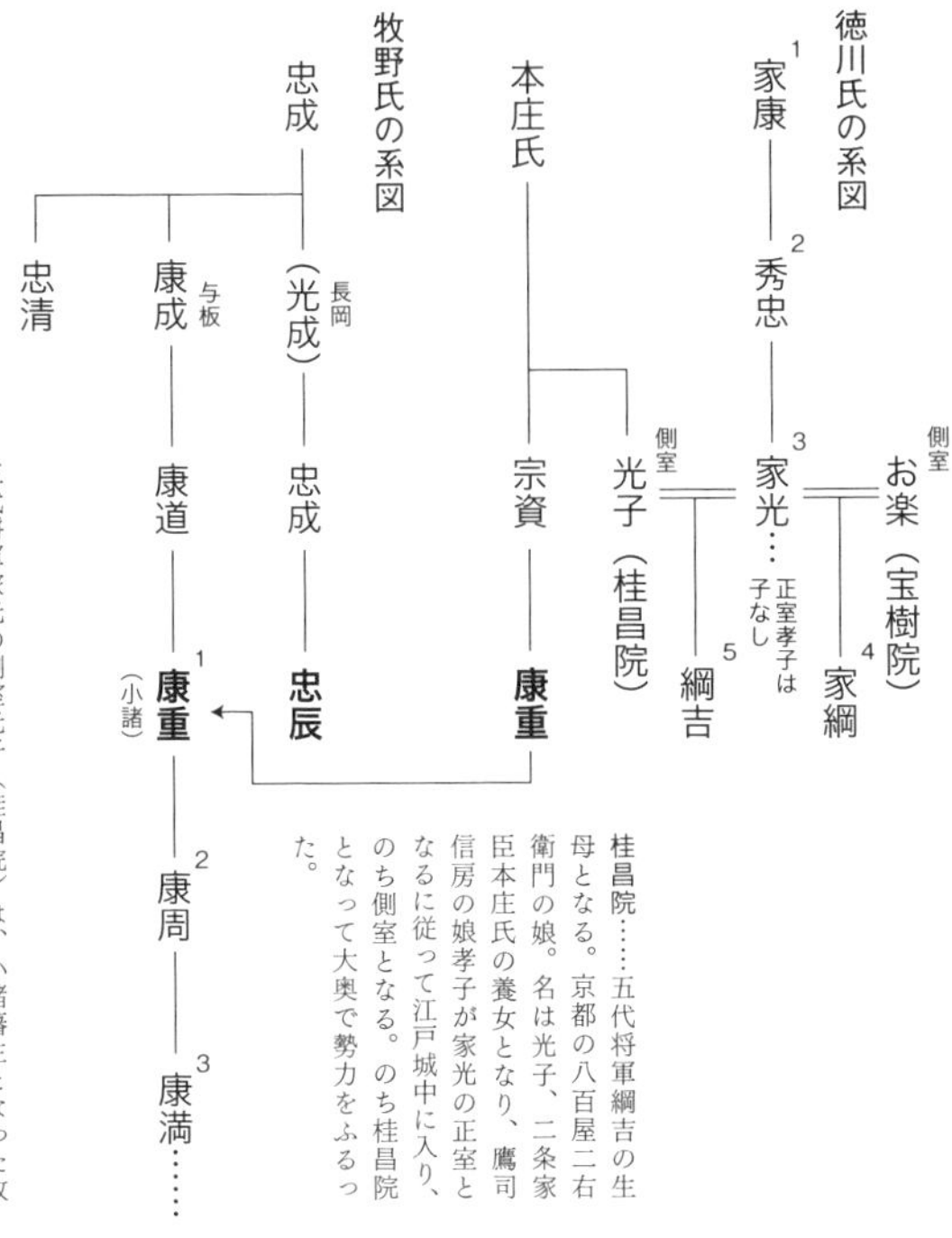

桂昌院……五代将軍綱吉の生母となる。京都の八百屋二右衛門の娘。名は光子、二条家臣本庄氏の養女となり、鷹司信房の娘孝子が家光の正室となるに従って江戸城中に入り、のち側室となる。のち桂昌院となって大奥で勢力をふるった。

三代将軍家光の側室光子（桂昌院）は、小諸藩主となった牧野康重の伯母であり、康重と五代将軍綱吉とは従兄弟の関係。

五〇本が成長したことを坂木陣屋に報告する。

⑦同五年、年貢の上納を「検見取制《けみとり》」から「定免制《じょうめん》」に改め、十カ年平均をもって年貢高を定める。財政収入の安定化を図ったものである。

⑧寛保二年（一七四二）八月朔日、戌《いぬ》の満水で、六供・田町・本町が流失、また城内の三の門・足柄門も流失する。その被害の甚大さは次の通りである。

- 約五〇〇〇石　永荒《えいこう》★
- 約三八九六石　立枯れ
- 約六一一一石　残而収米《のこりしゅうまい》三一一二石
- 堰崩れ四四八町余、山崩れ六六一カ所
- 流死五八四人（男二八八人、女二九六人）
- 流家四三四軒、流土蔵二八軒
- 潰れ家二五四軒、落橋二六九カ所、流馬二三疋

物心両面にわたる大惨事のため、幕府より金二〇〇〇両を拝借して、復興資金にあてている。

⑨延享四年（一七四七）、倹約令をだし、拝借金の返済に充当する。

⑩宝暦三年（一七五三）頃から甲良《こうら》門葉の大匠棟梁石倉芳隣《ほうりん》が、小諸城の城郭絵図をつくる。

⑪同八年、康周が没する（五三歳）。法号は真諦院殿照誉覚了除雲大居士。

▼永荒
田が河原になり耕作できない状態。

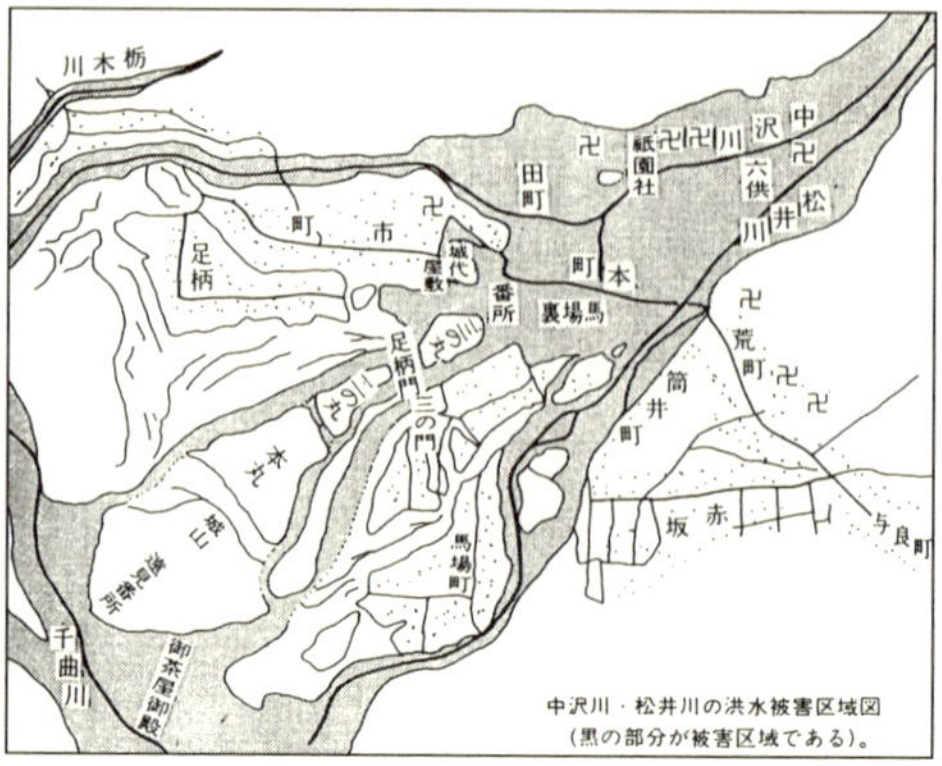

小諸洪水変地絵図
（与良町・小山家文書）

三代牧野遠江守康満《やすみつ》、領知一・五万石

康満の治世は、天変地異の寛保の水害の後始末、天明の浅間焼という未曾有の大災害、加えて飢饉と天明騒動の対応や処理に終始した。

①康満は小諸で生まれ、宝暦八年（一七五八）父康周の遺領を相続する。在城は二十六年間。

②同九年、瓦門の葺替え、三の門の普請をする。

③同十年に日光祭礼奉行を、同十二年には奏者番《そうしゃばん》を務める。

康満のほか、五代康儔、九代康哉も勤仕した奏者番について、『江戸幕府役職集成』によってその概要を示す。

「奏者番」は、若年寄《わかどしより》に次ぐ重役で、武家の殿中《でんちゅう》（江戸城）における礼式にかかわることをつかさどった。年始・五節句《ごせっく》・相続・叙任・参勤などのとき、大名や旗本らが将軍に拝謁するに際してその取り次ぎをし、その姓名や進物《しんもつ》を披露したり、また、将軍からの下賜品を伝達をしたりする重要な役職である。寺社奉行《じしゃぶぎょう》との兼任も多く、定員は決まってはいないが二〇名前後で、当番・助番・非番の制があって交替で勤務した。

宝暦十三年（一七六三）五月二十八日、三代将軍家光の正室「孝子」（本理院、

牧野康周側室重（三代康満の生母）の墓碑

延宝二年〈一六七四〉没）に従一位が贈位されたとき、時の奏者番であった小諸藩主康満が、伝通院《でんつういん》に出向いて、将軍の名代を務めている。

　このように奏者番という職務は、すべての儀式的行事にかかわりをもち、場合によっては将軍の代理を務める立場であるため、「言語怜悧英邁仁（人）にあらざれば堪えず」と『明良帯録』は記している。康満の貴重な勤仕と後鑑の証ともいえる実録である。

④明和二、三年（一七六五、六六）頃、足柄門と三の門を再建する。

⑤天明三年（一七八三）七月、浅間焼《あさまやけ》（天明の大爆発）で未曾有の災害をうける。

　康満は七月六日に江戸を御発駕、小諸帰城の途中、上野国板鼻《いたはな》宿でこの浅間山の大爆発に遭遇する。ようやく十六日に小諸城内へたどり着く。やがて収穫の秋を迎えるが、収穫は皆無で耕地は荒れ放題であり、天明の飢饉が始まる。

　康満が藩主になってから小諸領の災害が多く、その復興に多額の費用を要したので、幕府より金七〇〇両を拝借して財政の建て直しを図る。天明の飢饉によって米価が暴騰し、上野国の農民一揆《いっき》が佐久に乱入し、佐久の貧農と合流して米穀商などを打ちこわす（天明騒動）。

⑥同四年、病身のため隠居し、嫡子康陛に家督を譲る。

⑦寛政九年（一七九七）から四カ年、康満は小諸城二の丸に住み、湯治治療をする。

鬼押出の遺跡
（小諸市八満・小林家文書）

⑧享和元年（一八〇一）、康満が江戸上屋敷で逝去する（七〇歳）。江戸浅草の幡随院に葬られる。法号は真解院殿実誉盈翁勇哲大居士。

四代牧野内膳正康陛《やすより》、領知一・五万石

四代藩主となった康陛は、天明の度重なる災害の復興と、藩政の引き締め、藩財政の確立をめざしたが、志半ばにして四十有余で没する。

①天明四年（一七八四）、父康満が隠居し、康陛は家督を相続する。領知一・五万石、藩主として在城十年。

藩政の引き締め、職務忠勤、および天明の相次ぐ災害の復興をめざした覚書「康陛公御代覚書《おぼえがき》」をだし、人心を一新して治世の心意気を示す。

②同五年、与良《よら》大橋の架橋。八幡村の依田七郎兵衛が費用一式をだし、のちのちの修復基金として金一〇〇両を拠出する。

③同六年、大坂加番を務める。これは、四回にわたって願書を幕府に差し出し、この年実現したものである。

一万石の役高がつくので、藩財政の補助として役立つこととなった。

大坂加番は一年交替で、一加番（山里）、二加番（中小屋）、三加番（青屋口）、四加番（雁木坂）の藩主四名の勤番である。

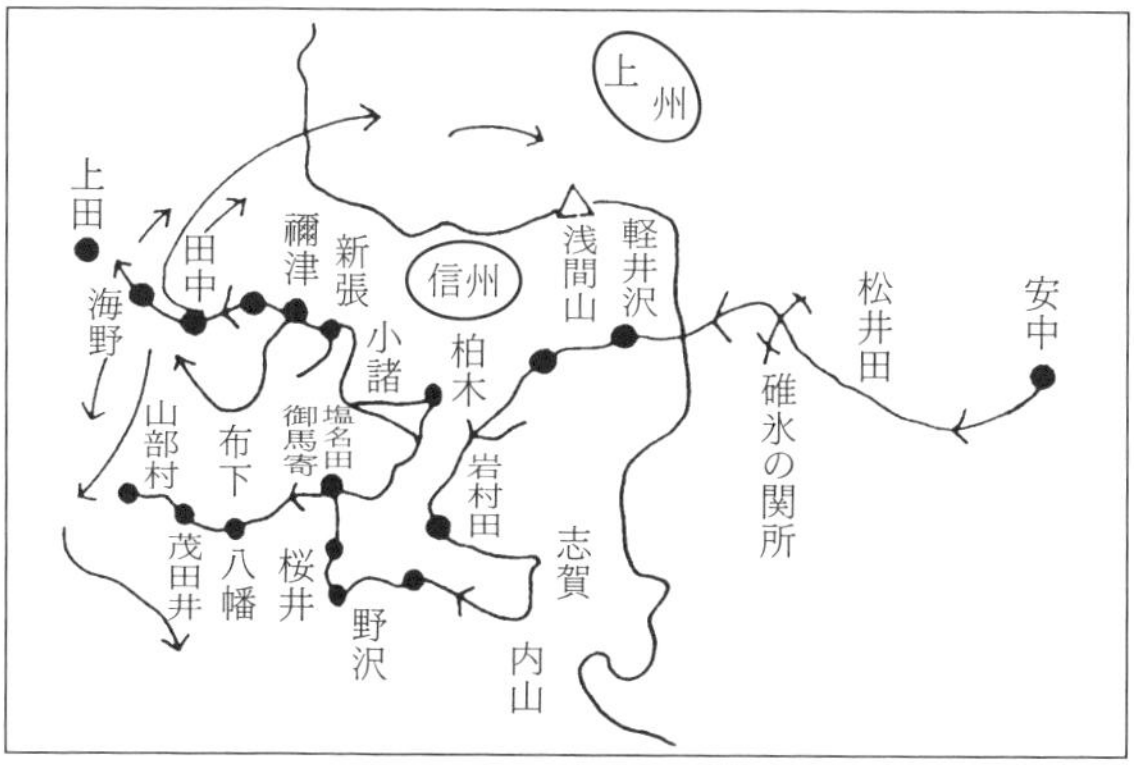

天明騒動　農民侵入の経路

④同八年、倹約令をだす。七〇歳以上の家中の隠居を命じる。また「申渡之覚《もうしわたしのおぼえ》」を発布し、領民の守るべきことを示す。
⑤寛政三年(一七九一)八～九月、三回の台風で千曲川は満水となり、潰れ家や家の流出、橋の流失、用水堰の破壊、田畑の水押、川欠、山崩れなど、大災害をうける。
⑥同五年、小諸荒町の大火で、九九軒が焼失する。
⑦同六年、康陛の病状が悪化し、一月九日に逝去（四二歳）。公儀の発表では四五歳。法号は量寿院殿願誉無涯玄底大居士。

五代牧野内膳正康儔《やすとも》、領知一・五万石

康儔は、若年寄に次ぐ奏者番《そうしゃばん》を勤仕しながらも、病弱のため、在城の治世にみるべきものもなく早世する。
①寛政六年(一七九四)、父康陛の逝去により康儔が家督を相続する。在城六年。
②同十年、幕府の奏者番を務める。足痛により杖の使用を許される。
③同十一年、八満村の鉄砲鍛冶片井政治郎が、小諸藩の鉄砲をつくる。
④同十二年、康儔は脚気腫満で危篤となり、逝去する（二八歳）。法号は泰岳院殿興誉隆熙仁良大居士。

小諸藩大砲の鋳型
（小諸市八満・片井家蔵）

六代牧野宮内少輔康長《やすなが》、領知一・五万石

抑圧された町人の屈折した心情を反映し、退廃的・享楽的傾向の文化・文政期（一八〇四〜三〇）にあって、藩主となったのは幼君康長であった。本家の長岡藩主牧野忠精《ただまさ》（京都所司代・老中）の後見の下で、小諸藩学問所（明倫堂《めいりんどう》）の創始、牧野氏永城百年祭、鉄砲技術の充実などの治世が行われた。しかし、その後半は病気不快のため、弟康明に家督を譲る。

①寛政十二年（一八〇〇）十月、康長が家督を相続し、三歳の小諸藩主誕生する。在城十九年。

②康長が幼少のため本家の長岡藩主牧野忠精に、その後見役をお願いする。

③牧野忠精より、「一和して正道廉直、政務に忠勤を励むべし」と厳しい申し達しがある。

④享和元年（一八〇一）、百目玉鉄砲ができる。

⑤祇園《ぎおん》祭礼の節、初代康重が元禄十五年（一七〇二）に小諸藩主として入封以来百年を迎え、百年永城祝を行う。

⑥享和二年、学問所ができ、司成《しせい》に高栗弾之丞が就任する。これが藩校「明倫堂」である。

⑦同三年、塩名田橋（長さ七〇間余の平橋）を架橋する。願いの通り塩名田宿の国役《くにやく》となる。
⑧油菜の栽培を奨励する。
⑨文化元年（一八〇四）、楽宮喬子王女（有栖川宮《ありすがわのみや》中務卿織仁姫）が、第十二代将軍徳川家慶《いえよし》の室と決まり、中山道を降嫁の際、領内山浦村助郷《すけごう》★で全村出動する（人足四〇〇〇人、馬二五七疋）。
⑩同三年、領分境に石標を建設する。「従是西《これよりにし》小諸領」を追分原に、「従是東小諸領」を立科笠取峠に立てる。
⑪同五年、耳取村の丸山恒五郎・同茂兵衛が、鉄砲鍛冶として小諸藩の御用を務める。同じ耳取村の吉沢彦太郎・佳近兄弟も鉄砲御用を務め、佳近（五兵衛）は小諸藩の大筒《おおづつ》（百目玉）をつくる。
⑫同十二年、赤岩村の刀工山浦真雄が、小諸藩剣術師山本清廉の門人となって作刀に従事する。
⑬文政二年（一八一九）、康長は長患いのため二二歳で隠居し、実弟の康明が養子に入って藩主となる。
康長は湯治など療養に専念し、康明・康命・康哉・康済（民）四代にわたって生き長らえ、七一歳で明治元年（一八六八）逝去する。法号は恭徳院殿高誉松山善翁大居士。

▼助郷
第四章二の「幕藩体制と参勤交代」の⑤参照。

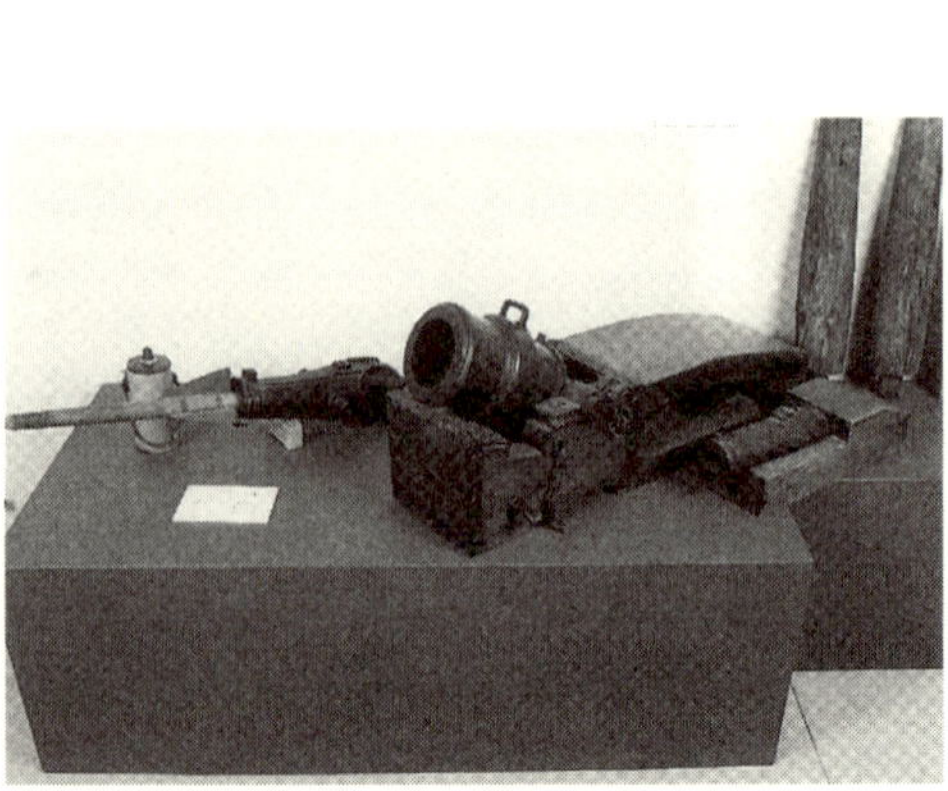
小諸藩大筒（百目玉）
（小諸市耳取・吉沢家蔵）

七代牧野周防守康明《やすあき》、領知一・五万石

康明は、江戸城御門番など江戸幕府への勤仕をするが、病身のため藩内の治世は意の如くならなかった。

①文政二年(一八一九)、六代藩主康長の引退後、弟康明が養子となり家督を継ぐ。
在城八年。

②同九年、鉄砲師範伊藤義徳・義忠親子の指揮で、信陽岩村田の住人、鋳物師《いものし》藤原貞則が火矢筒(大砲)をつくる。中村半四郎がこれを練る。★

③同十年七月二日、康明が脚気による心臓麻痺で逝去する。二八歳。江戸の浅草神田山幡随院で送葬する。法号は歓照院殿喜誉光月耀山大居士。

▼練る
鋳造する。

八代牧野遠江守康命《やすのり》、領知一・五万石

康命は、本家の長岡藩主牧野忠精《ただまさ》の第六子として成長し、小諸藩八代藩主として養子に入る。しかし、病弱で勤番や出仕も充分できず、短命に終わる。

①文政十年(一八二七)、康命(錨吉)が本家長岡藩から分家小諸藩牧野氏の養子に入り、家督を相続する。在城五年。遺領相続の拝命に病弱のため欠席す

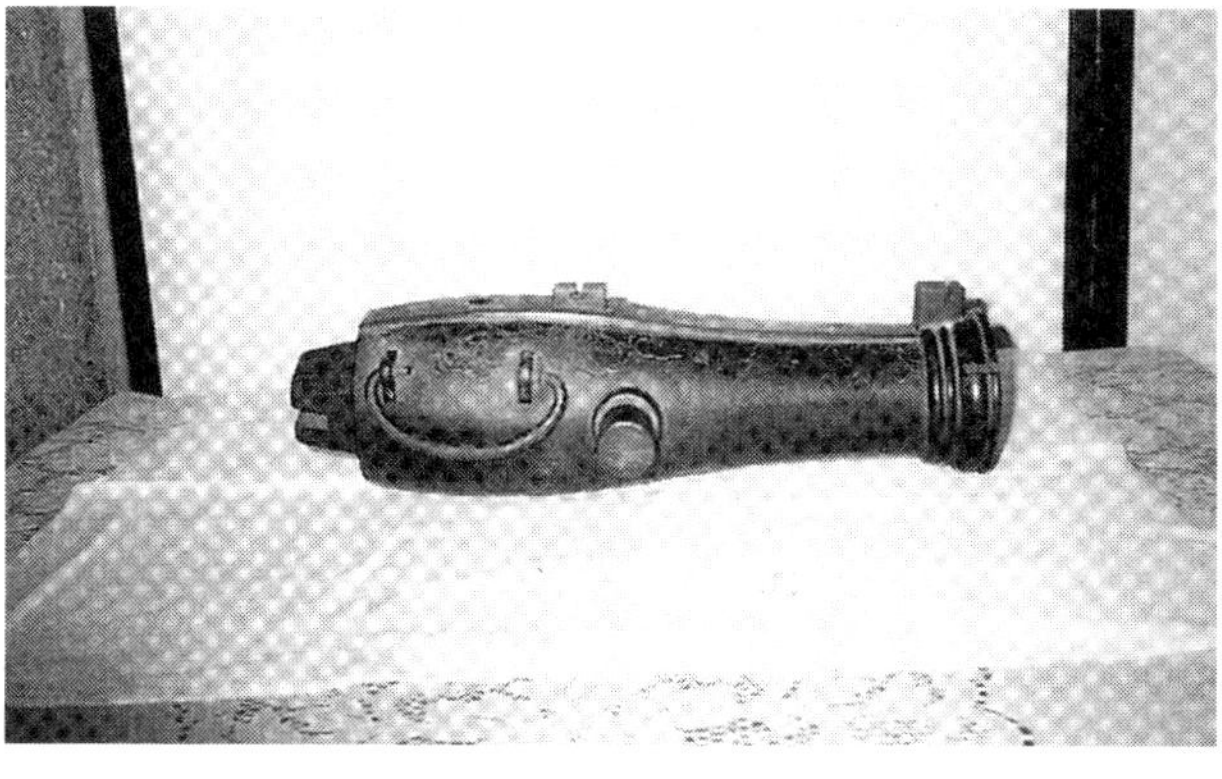

火矢筒(大砲)
(小諸市馬場町・伊藤家蔵)

る。

②同十二年、小諸城中仕切《なかじきり》門が落雷で焼失する。

③天保元年（一八三〇）、将軍の上野参詣還御後固（警固）を拝命する。一ツ橋御門番を務める。

江戸城の御門警備は、寄合衆《よりあいしゅう》（三千石以上の旗本衆で無役の者）が、主に江戸城外郭の一二カ所（虎の門・赤坂門・四谷《よつや》門・市ケ谷《いちがや》門・牛込《うしごめ》門・小石川橋・浅草橋門・数寄屋橋《すきやばし》門など）の門番を交替でうけもった。城内の主要な城門（大手門・桜田門・馬場先《ばばさき》門・和田倉門・竹橋門・田安《たやす》門・半蔵《はんぞう》門・一ツ橋門など一六カ所）の御門警備は、御番方の大名二名が交代でうけもっていた。

御門に付設する大御番所の詰所には、それぞれ鉄砲一〇挺、弓五張、長柄《ながえ》（槍）一〇筋、持筒二挺、御弓一組が常備されていた。

④天保二年、浜町上屋敷を拝領する。屋敷替えにより江戸定府の者へ、手当として本家より三〇〇両が与えられる。

⑤同三年、常陸国笠間藩主の牧野越中守貞幹の二男修橋を、小諸藩主牧野氏の養子として迎えることが許名される。

⑥同年七月十一日、康命が足痛疝癪（せんき、腹腰痛）で逝去する。二四歳。最も短命で、在城五年の藩主である。法名は善休院殿慶誉無彊万安大居士。

牧野藩主江戸城御門勤番標

藩主／御門	康重	康周	康満	康陛	康儔	康長	康明	康命	康哉	康済
一橋門	5	3						1		
竹橋門	4	1		1			2			
和田倉門	2	2							2	
田安門		1	1		2				1	
半蔵門			1			2			2	
馬場先門		1					1			1

九代牧野遠江守康哉《やすとし》、領知一・五万石

九代藩主となった康哉は、相次ぐ天変地異や飢餓の中で、人口が減少する要因が痘害にあるとして、牛痘《ぎゅうとう》法★を実施した。さらに育児法や養育手当・養老法の実施など、領民の生き方に灯を与え、民政に意を注いだ。また郷蔵《ごうぐら》による貯穀の奨励、開墾や用水疎通、郷村復興、無尽《むじん》の制度、商品作物の奨励など、殖産と民生安定を図った。学問を奨励し、自ら武技を練るなど、江戸末期の英主として小諸藩政の充実に心血を注いだ。また、若年寄《わかどしより》として幕府の政治に参与し、匡正に尽力した。

①天保三年(一八三二)、八代康命が早世し、笠間藩牧野氏から康哉が養子に入り家督を継いだ。一五歳の藩主であり、在城三十一年間に及んだ。江戸末期の英主として、藩政の充実、殖産興業、領民の安定など、その治世にはみるべきものが多い。

②同四年、「申諭《もうしさとし》」を領民にだす。その内容は、飢饉の用意、分限《ぶんげん》を守る、酒・博奕などの勝負事の厳禁、他出者を引戻す、郷蔵での貯穀の奨励などである。更に「育児仁恵法」(生活が難渋で申請した者に養育手当として籾一俵を給付)、「養老賑恤法《ようろうしんじゅっぽう》」★(八〇歳以上の者に終身口分米《くぶんまい》として半人扶持を

▼牛痘法
牛の痘瘡の水疱からでる膿汁を、人体に接種して天然痘に対する免疫をつくる医術である。

小諸・与良町の郷蔵

▼養老賑恤法
老人手当。

支給。それには藩主の節約した手本金をあてた）など領民の安定を図った。

殖産興業の一つとして、植林と輪伐《りんばつ》★の制を定め、滝原村など一五カ村に松二七五四本を御城山に松一四二四本を植える。

③天保三年から同九年までの全国的飢饉は、「七年飢渇」ともよばれた。その被害と実施された施策の主なものは、以下の通り。

・天保三年、夏中気候は不順。約四千石が損毛となる。

・同四年、不作損毛は約九千五百石。育児仁恵法および養老賑恤法を設け、領内の貧窮者に子育て手当を実施。領民へ「申諭」をだす。

・同五年、青立ちで実入りがなく、収穫は皆無となる。損毛は約一万九千石。八幡村の依田七郎兵衛が、籾九〇〇俵、大麦一〇俵を三カ村へ備籾として差し出す。

・同六年、小諸藩の不作につき惣士へ備米を申請し、城内御囲米《おかこいまい》★を拝借する。

・同七年、違作で田畑の収穫は皆無となり、夫食《ふじき》（食料）もなくなる。領内中山道筋の芦田・望月・八幡・塩名田の四宿では、困窮の宿方もあり、また千曲川の満水、塩名田橋の落橋で往来は不能となる。旅人が雨宿りで多数逗留しているが水位は下がらず、旅人の飯米にも差し支えがでているとして、小諸藩に願い出る。苦渋の選択として、家中諸士への扶持米を都合して急場をしのいでいる。

▼輪伐
年ごとに植林をし、伐採の時期になって順番に伐採をする。

▼御囲米
貯蔵米。

小諸藩でも二者択一の中で、北国《ほっこく》街道の公用者や参勤のための大名の通行があるので、中山道筋四宿は追々都合をつけてやることにする。

藩は藩士や百姓の夫食の手当に困り、天保八年の収穫時まで御城詰米の使用方を幕府に願い出たが許可されなかった。やむなく本家長岡藩主の牧野備前守忠雅に嘆願して、三〇〇〇俵を飢餓や種籾にすること、追々返済致すことで借用する。

・同八年八月初旬、大霜で稲草が青立ちとなる。損毛高は一万七千二百石余と御用番へ届ける。

「囲籾有額残らず救民手当にしたき願いをしたところ、三カ年の割合で天保十年より詰め戻し許される。幕府より御城詰米四百七十石差し出すよう仰せ付られる」。中山道四宿の助成のため、幕府より金八〇〇両を拝借する。

④「極悪無慙な者、人の子を貰い金を取りてその子を幾人となく殺し、甚しきは金を貰い請け、途中にて衣類などを取り裸にして藪の中へ捨てるもありと聞く」。文久二年に配布した御触書《おふれがき》の内容である。

生活の困窮のため、堕胎・児殺しという非人道的な「間引《まびき》」が盛んに行われ、次三男女が主に対象となり、圧殺・絞殺・窒息死などで間引かれたという。重い年貢や凶作による領民の悲惨な貧困が招いた風習である。このような非道徳的な悪風を藩主が見逃すわけにはいかず、禁令をだして間引を取り締まっている。

⑤同九年、幕府より倹約を命じられる。御影陣屋より御城詰米の積戻し金を受け取る。

⑥同十二年、囲穀一万石につき百石の割合で天保十三年から五カ年で詰めおくよう命じられる。御影陣屋より去年同様に御城詰米の戻しがある。

⑦同十四年、百目玉・唐銅づくりの銃二挺を鋳造する。

⑧同十五年、井子村の鉄砲師楢原才吉が鉄砲御用達《ごようたし》を務める。

⑨弘化二年(一八四五)、康哉が奏者番を勤仕する。

⑩嘉永三年(一八五〇)、康哉は藩医の林甫三・川口自仙・佐野静十郎などを江戸に遣わして、蘭方医の桑田立斎《りゅうさい》に種痘《しゅとう》を学ばせる。翌四年、康哉は二人の息女に種痘を行う。ついで藩士と家族に種痘をほどこし、範を示してその普及を図った。

医療知識の不足から、夷狄《いてき》(礼儀にはずれた野蛮人のやり方)な術であるとの流言が飛び交い、種痘を行うのはきわめて困難であった。

種痘の宣伝ビラの題目には「大千世界婦牛痘」とあって、絵は牛に乗った子(生国は阿蘭陀《オランダ》の牛痘児)が槍(種痘用のメス)を突き出し、右下の鬼(悪魔疱瘡神《ほうそうしん》)を追い出している図柄である。

自分の体には無害であるとして、西洋医学の啓蒙を図ったものである。こ

牛痘を運んだつぼ
(小諸市相生町・林家蔵)

官許
桑田立齋述
牛痘發蒙
驅痘舘藏版

うして領民を諭して種痘を行い、ようやく領内に実施し、明治四年（一八七一）まで二万四〇〇〇人に実施し、天然痘に罹る者なしといわれる。この年、小諸に汎愛社（種痘所）を設置し、その普及を図っている。

文久三年（一八六三）、松代藩の佐久間象山《しょうざん》が、小諸藩に痘苗の分与を懇願したことも伝えられている。

「功成」という種痘証が残されている。これは、善感（よく感染し、種痘が充分ついたということ）した者に与えた証明書である（『北御牧村の歴史』）。

⑪安政元年（一八五四）、「興復方」をおき、郷村の産業復興を管掌させる。高崎郁母・西岡五郎左衛門・長沼宗右衛門を主任とする。高崎郁母を興復方専任にあたらせ、西岡・長沼の両名を相模国相馬藩に遣わし、二宮尊徳《にのみやそんとく》から報徳の教えを学ばせた。

⑫同二年、領内の有力者である依田仙右衛門・塩川幸太夫・小山宇兵衛・柳田五兵衛・高橋平四郎・小山久左衛門・高橋六左衛門・掛川利兵衛などを「興復方世話係」に任命し、村々の荒廃を興し、民生を安定させる事業に尽力させた。

「興復方」の役所で実施した主なるものは、次の点である。

荒れた土地の恢復と新田の開墾（小山久左衛門御牧原の開拓）。農民に鋤犁を支給。農業の改良、種子の選択。工業の発達。山林の増殖輪伐法。治水

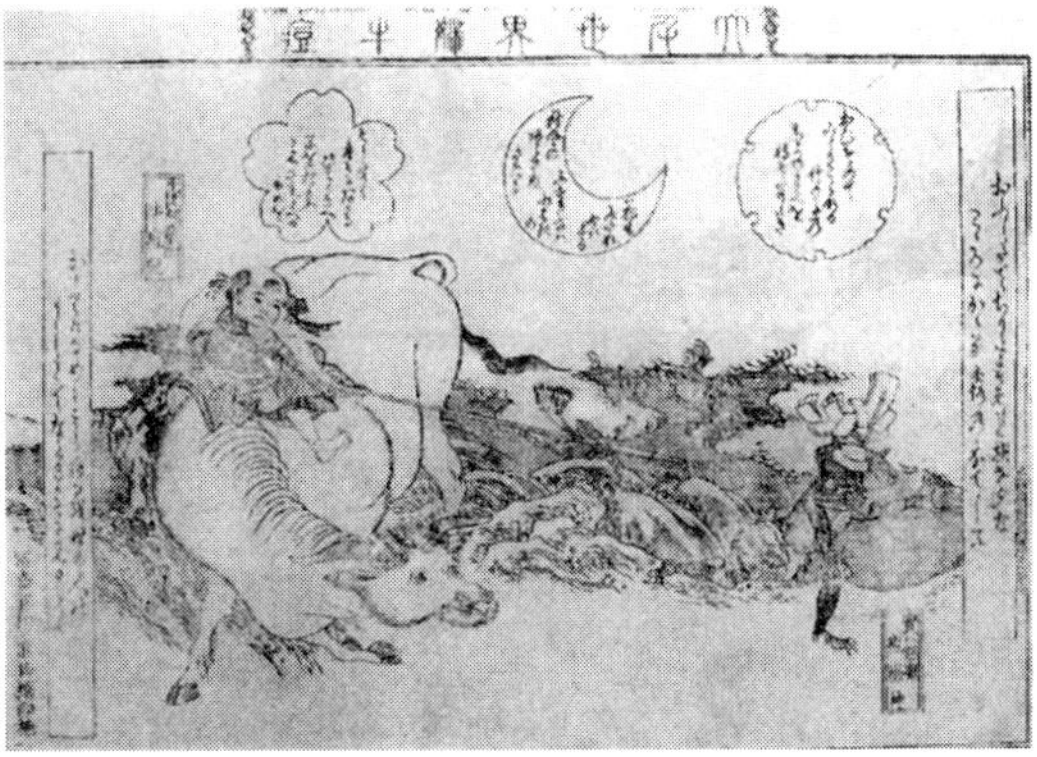

文久三癸亥年

功成　小諸種痘所

の完備。衛生の周到などの実績。農具改良奨励金の交付。小県郡塩川村の千曲川築堤事業。藩有林・山林の植林。養蚕・人参・楮《こうぞ》・三椏《みつまた》・漆・水蜜糖《すいみつとう》（桃）などの栽培。長瀬村の製紙。染色・製油などの奨励。油菜・檜・松・唐松・竹・藍・紅花などの商品作物の栽培奨励などである。

同四年、御城山や領内の荒地や廃地への植林を奨励する。無尽の制度をつくる。

⑬同五年、康哉は幕府の若年寄となり、万延元年（一八六〇）まで二年間幕政に関与する。大老井伊《いい》直弼《なおすけ》の懐刀となる。

⑭康哉は文武を好み、漢学を塩谷宕陰《しおのやとういん》に、和歌を前田夏蔭《なつかげ》に学んだ。徳川斉昭《なりあき》（烈公《れっこう》）や安中藩主板倉勝明《かつあき》を友として、学問に対する造詣を深め、書籍一万冊を集めた。

学問を奨励して明倫堂に力を注ぎ、皆勤を賞し、書籍を整えさせた。更に購入できなかった書籍は筆写させ、自らも写したという。また、自ら武技を鍛錬し、江川太郎左衛門・平山行蔵《こうぞう》・清水潜蔵を顧問とした。甲冑の制、鉄砲の技より行陣の法に至るまで研鑽に努め、特に西洋式陣法を採用して士卒を訓練した。

⑮文久元年（一八六一）、和宮《かずのみや》の下向（孝明天皇の妹和宮親子内親王が、第十四代将軍徳川家茂《いえもち》に降嫁）の節は、藩主康哉が、芦田宿より岩村田宿まで護衛

の役割を果たした。
⑯同二年・疱瘡・コロリ・麻疹が流行し、祇園神輿で退散式を行う。
⑰同三年、将軍の上洛中、江戸城大手三の門御門番を命ぜられる。六月十三日、江戸屋敷で逝去する。四六歳。法号は篤信院殿四品譲誉義山礼与大居士。

十代牧野周防守康済《やすなり》、領知一・五万石

世継ぎ問題で内紛が起こったが、本家長岡藩の奉行河井継之助《かわいつぐのすけ》の尽力によって解決し、その結果康済（のち康民《やすたみ》となる）が牧野氏十代の藩主となる。

討幕派・佐幕派の二者択一の立場に立たされた小諸藩は、戊辰《ぼしん》戦争から発展した小諸騒動と、加えて水戸浪士事件★・赤報隊《せきほうたい》事件★・西牧騒動★・川西《かわにし》騒動★など幕末期の混乱に巻き込まれていた。江戸屋敷の火災と財政不如意など思わぬ事態も発生し、内憂外患の政情が山積していた。版籍奉還と廃藩置県に腐心し、多難な藩政をした最後の藩主が康済である。

①文久二年内膳正《ないぜんのしょう》となり、元治元年（一八六四）遠江守《とおとうみのかみ》に叙任される。
②同三年（一八六三）、家督を相続し、康済が藩主となる。二四歳。在城六年。
③元治元年、武田耕雲斎《こううんさい》ら水戸天狗党が中山道を通過したのを追撃する目的で、

▼水戸浪士事件
上記③参照。

▼赤報隊事件
⑦参照。

▼西牧騒動
⑨参照。

▼川西騒動
⑪参照。

茂田井名主の大沢家を本陣として進軍するが、途中で引き返す。

④慶応二年(一八六六)、長州征討に参加した本家長岡藩とともに中国路に向かうが、大坂警固を命じられて大坂にとどまる。

⑤康哉の二男康済を擁立する一派と、五男康保(信之助)を支持する一派とが対立し、家督相続の問題が内紛に発展する。加えて江戸屋敷の火災、水戸浪士事件の失敗、長州征討時の大坂警固などが重なり、藩内が二分する危機を迎えた。

同二年九月、本家長岡藩主の牧野備前守忠恭(文久三年老中職)の命をうけて、長岡藩の奉行河井継之助が、内紛解決のために小諸に到着する。

河井継之助は、双方に怨みを残さぬよう説得を繰り返した。そして、「禍根であった康保(信之助)を、名家である本田家(三河国の岡崎藩主)の養子に世話をし、小諸藩の家督は康済とする」という方向で、紛議を解決する。

河井継之助は★、約二十有余日(十月十日小諸出立)の小諸藩滞在中に領内をめぐり、人情風俗・藩政改革に資する意見を具申する。河井継之助の温情ある処置と賢助な助言は、小諸藩中の人々を敬服せしめ、後年、家老家の後継者牧野成功は、「神様のような人であられる」と語ったという(安藤英男著『河井継之助の生涯』)。

⑥慶応三年、王政復古の大号令が宣言され、翌明治元年(一八六八)五カ条の御

河井継之助

▼河井継之助
河井継之助は江戸末期の長岡藩士。佐久間象山・古賀謹堂に学ぶ。長岡藩の政治改革に尽力、戊辰戦争に中立を唱えたが、新政府軍に入れられず交戦、明治元年(一八六八)七月長岡城奪還戦に負傷、戦死する(『角川・日本史事典』参照)。

誓文が発布される。

⑦明治元年、戊辰戦争起こる。官軍の嚮導（道案内）と称して、相楽総三《さがらそうぞう》の配下、桜井常五郎を首領とする赤報隊（偽官軍）が、中山道を東下する。小諸藩は、桜井らに五〇〇両を奪われる。東山道総督府の通達により、赤報隊が官軍の名を偽るものであることを知り、小諸藩・岩村田藩は軽井沢・沓掛《くつかけ》・追分《おいわけ》の浅間三宿を中心に分宿していた嚮導隊員と応戦した。その結果、関係者を捕らえ、死罪や梟首《きょうしゅ》のほか、追放したりして事件は決着した（赤報隊事件）。その後、復権した同志もいた。

⑧明治元年、徳川慶喜《よしのぶ》追討令がでる。西郷隆盛と勝海舟の会見の結果、江戸城を開城して討幕軍が江戸に入城し、慶喜は水戸へ退去することとなる。

九月、政府討幕軍は、佐幕軍の本拠地会津若松城の総攻撃を開始する。

慶喜らの官位を奪い、旧幕府領を新政府の直轄とし、慶喜は江戸上野の寛永寺に蟄居するが、旧幕臣は各所で反抗し戊辰戦争は広がっていった。

本家長岡藩とともに佐幕（幕府側に賛同）に与するのか、それとも官軍（東山道鎮撫《ちんぶ》総督）に恭順の意を表すのか、小諸藩は二者択一を迫られ、窮地に追いこまれた。

小諸藩は、鎮撫総督岩倉具視《ともみ》の命令に対し、「東征出兵を辞する嘆願書」をだして、徳川方の追討を免除されんことを願った。

「……私儀徳川家臣に候えば、一意徳川家を翼奉し、朝廷へ忠勤仕まつりたき意志にこれあり、元来一途同路にて、更に異にし向を二にすべき処これなく、追々慶喜恭順の効相立ち候日、寛典の御処置、ただひたすら願い哀訴仕まつりたき心底に御座候。また人数差出候儀は、外御用筋に候はば、出精相勤め申すべく候えども、徳川御征伐についての御沙汰にては、恐れながら臣子を以て君父を撃つの訳にこれあり」と。▼

礼を尽くし誠意をこめて藩の窮状を訴えた。鎮撫総督もその意を汲み、小諸藩の北越戦争（長岡・会津）への出兵を免除し、碓氷峠の守備を命じた。小諸藩は二小隊を出兵させ、守備にあたった。

⑨慶応四年からの冷害で、凶作が全国的に続いていた。また、慶応二年から毎年浅間山が爆発し、凶作の原因になっていた。

佐久の米に依存していた上野国甘楽郡では最悪の状況で、慶応四年三月、西牧村方面の窮民が内山峠を越えて佐久に侵入した。一行は平賀村・瀬戸村・志賀村・野沢・臼田などの豪農・豪商を襲って、米の安売りを強要したり掠奪・暴行をして余地峠から上州に引き揚げた。

一〇〇人余の別の一隊は、岩村田藩が警備していた小田井村を避けて、裏道づたいに御影を荒らし、小諸領の森山村へ侵入したが、小諸勢に追い散らされた。残党が御影付近の山林中に潜んでいたが、御影陣屋の鉄砲方が山狩

▼私たちは昔から徳川家の臣下である。反面、朝廷に忠勤いたしたい気持ちもある。此の度、二者択一するとすれば大変困っている。慶喜公も恭順の方向に向っているので寛大な処置をお願いしたい。徳川の征伐については臣下ではできがたいのでよろしく配慮お願いいたします。

りをして一人を捕らえ、ほかはいずれかへ逃亡して西牧騒動も終息した。

⑩慶応四年、小諸藩が徳川追討の出兵を辞したり、飯山城攻撃の幕府討伐軍に参加しながら途中兵を引揚げるなど、尊王主義に傾いた小諸藩の態度は疑問視された。

本家長岡藩は河井継之助を総大将として、官軍の薩長連合軍を悩ませたが、万策尽きて落城し、藩主をはじめ一門は会津に落ちのびた。

最も強大にして難攻不落といわれた長岡城と会津城であったが、特に会津城についてはその争奪は悲壮の極みがあったと史実が伝えている。奥羽北越三十余藩が奥羽越列藩《おううえつれっぱん》同盟を結び、政府軍に抵抗しその中心となったのが会津藩（松平氏）である。年少部隊を年齢により青龍《せいりゅう》・白虎《びゃっこ》・朱雀《すざく》・玄武《げんぶ》の四隊に編制し、前線に出動させた。戸の口の戦いに敗れた白虎隊は、八月飯《いい》盛《もり》山で自刃した。

会津藩に落ちのびた長岡藩士の竹山定右衛門は、藩主の目を掠めて脱藩して、密かに小諸藩に逃れてくる。「藩主牧野忠訓公の内命でござる。何卒お匿《かく》まい下されたい……」と哀訴・嘆願した。これが小諸騒動の発端である。

長岡藩の脱走人竹山定右衛門を、とにかく藩中に潜伏させたのは、家老の真木要人・牧野八郎左衛門、奉行の高栗儀人・高崎郁母らである。

明治元年十一月七日、版籍奉還後の行政視察として、新政府の刑法官巡察使の松岡嘉之助・新川去病が小諸藩を訪れ、本陣において種々藩政について説明を求めた。

脱走人のことをふれずにいたところ、世継ぎの内紛以来対立していた家老加藤六郎兵衛らが、腹心の徒と謀って脱走者竹山隠匿の事実を、巡察使に密告した。

政府に訴えることも、朝裁（裁判）を仰ぐこともなく、十一月八日、「巡察使の内命である」として二家老・二奉行は斬首の刑にされた。

この事実を知った巡察使は、「巡察使の命令の偽称であり……不届者である」としたが、加藤六郎兵衛は大胆にも「君命である」との言い訳をした。巡察使は「巡察使の命と藩主の命を偽称した」理由により、太政官《だじょうかん》（刑部省）の命で藩主は謹慎、加藤六郎兵衛は永禁錮、ほか五名は禁錮、九名は謹慎の処分を行った。

幕末におきた小諸藩最大の騒動で、小諸騒動とよんでいる。この小諸騒動は、川西騒動にも連動した。

⑪加藤六郎兵衛らの暴政は、各村に暴徒が蜂起して百姓一揆を招いた。以下、その概要を記す。加藤家老は、家屋税や倉庫税などを新税として徴収し、「開作夫食《ふじき》★」の制度は財政難のため廃止しようとした。

明治二年、新税の延期と開作夫食制度の存続の嘆願書がだされたが、却下

▼開作夫食
領民の窮迫を救うため春期に種籾などを給付する。

された。その事実を知った領民は、加藤六郎兵衛の暴政を糾弾しようと暴徒となって蜂起した。

藩政の危機に臨んでいる事実を知った藩主康済は、刑法官に懇請し、謹慎中の主席家老牧野隼之進《はやとのしん》と家老稲垣左織を召して、藩内の騒動や一揆の鎮撫を命じた。命をうけた主席家老牧野隼之進は、嘆願書の「二ヶ条確かに聞く」と領内各村の名主役人と約束し、ようやく領内は安定して一段落した。

同年、芦田宿を中心とした芦田八カ村は、凶作と米価高で飢餓に迫られ、年貢米の拝借（御囲米《おかこいまい》の拝借）、伝馬などの御赦免を願ったが退けられた。九月、百姓は殺気だち、川西の三三カ村の徒党が蜂起し騒動を起こした。千曲川の東岸塩名田山辺村の高橋六左衛門家に放火し、金穀を取り立てた。千曲川の東岸塩名田宿入口に大砲三挺など数百挺の鉄砲で武装した小諸藩兵数百人と、西岸の御馬寄に押し寄せた三三カ村の百姓一万とが対峙した。

たまたまそこに居合わせた伊那県の役人近藤倉之丞《くらのじょう》と、御影陣屋の役人平松義蔵らの三人は、騒動の首謀者と相談し願書を小諸藩へ取り次いだ。

「年貢金納のこと、新政府に伺ってから沙汰をする。助郷《すけごう》その他の課役は明治三年二月から赦免にする。郷蔵《ごうぐら》の籾は困窮者に放出する。上州出米、御薪、立科《たてしな》山御用材の駄賃を改めるので届け出ること」など、藩の重役長沼半之丞からの回答を得て、川西騒動は終結の方向に進み、危機も回避された。

小諸藩では騒動が一応鎮静されたと判断して、同年十二月二十二日、川西騒動の関係者を処刑して決着をつけた。

総願人の大嶋庄司、総大将の 粢《しとぎ》仁《に》左衛門《ざえもん》は唐松で斬罪に処された。差添惣代の桜井勝三郎と今井源三郎は準流★十年、一三名は杖★以下の刑となった。現在、立科町の蓼科《たてしな》神社入口に慰霊碑が建てられている。

一連の騒動は世直し一揆という民衆運動の導火線となり、新しい明治維新に発展していく。

⑫同年十二月七日、藩主康済は謹慎の罪を解かれ、版籍（領知一・五万石の土地と人民）を奉還する。康済は小諸藩知事となる。

⑬同三年、藩政改革を行う。牧野氏の菩提寺泰安寺は、本寺である江戸浅草の神田山幡随院と連絡をとり、荒町の光岳《こうがく》寺に合併され廃寺となる。

⑭同四年、廃藩置県により小諸藩は七月十四日に小諸県となり、十一月二十日に小諸県は長野県に編入する。官員一同は廃官となる。知藩事の康済は、康民と改名し東京へ転居する。

⑮同五年一月十九日、兵器弾薬は兵部省の布達により東京鎮台上田分営長の乃《の》木《ぎ》淳蔵（希典《まれすけ》）の管理下におかれ、建造物は財政補塡のため競売に付された。

同年六月、太政官布告により、世襲の卒族は士族となる。

⑯同六年三月、小諸旧藩主より内願の結果、小諸城址は旧藩士に下付される。

▼準流
世の流れに身をまかせる。

▼杖
杖で打つ刑。

⑰明治十五年十一月二十五日、康民は多難な生涯を終える。四二歳。法号は清徳院殿浄誉楽永康民大居士。

藩治職制

信濃国の諸藩は明治元年(一八六八)の王政復古の大号令以来、明治二年二月の松本藩から始まり、遅滞なく版籍奉還を行った。幕府直轄領(天領)や旗本《はたもと》知行所《ぎょうしょ》もまったく同じで、その手続を完了していた。

小諸藩は小諸騒動の譴責で藩主が謹慎中のため、ようやく十二月七日に受理され、康済が知藩事に任命された。

河井継之助《つぐのすけ》の訓示に従って、藩政改革の原案ができあがっていたので、それに基づき同三年四月二日、藩治職制(藩政改革)が行われた。

「先般皇政維新、御国体御更張遊ばされたき旨を以って、藩治職制変革仰せ出られ候につき、即ち御布告これあり御誓文《ごせいもん》五ヶ条を目的とし府藩県三治一致に帰するの御趣旨を奉体し簡易質略を主とし、従来の旧弊陋俗を一洗して上下力を合わせ富国強兵の基礎を立て藩屏の任相竭し候よう致したく、依て政体左の通り改正候こと。

政体

●藩治の職制を為政堂《いせいどう》および五局と定め、各司する所有といえども決議の全権を為政堂に帰し、心の五官を統《す》べ四支の題目を搾《おお》う如く本末を弁《わき》まえ職掌を審《つまびら》かにし、上下心を一にしていささかの私念なく相補助勉励し事務を行い滞りなからんことを要す。

●議制局《ぎせいきょく》を上下二局に分ち、上局は為政堂において決め難き事件これあるときは議制局へ下し、三等官以上出頭し各その所見を吐露し衆議を集め、また為政堂に達し、至理の帰する所を以てこれを施行す（以下略）」。（馬場町・牧野家文書）

執政・参政・民政・軍務・学務・庶務・会計の七局を設け、その下に幹事・理事・為政堂幹事をおいた。

職階として大参事・権大参事《ごんのだいさんじ》・少参事・権少参事・大属・少属・権少属・史正・庁掌・使部《しぶ》などが位置づけられた。

四月の改革で局長・幹事に任命された諸官は、以下の通り。

執政・民政局長　牧野真清（隼之進改名）
参政・軍務局長　神戸最仲
参政・庶務局長　稲垣左織
参政・学務局長　角田良之進
会計　　　　　　長沼安忠

為政堂幹事　成瀬流水・鳥居義処
中山左橋
太政官辞令（六月三十日付）
権大参事　牧野真清・角田卓幹
大参事心得　牧野真清
少参事　神戸最仲・稲垣左織
鳥居義処・長沼安忠
成瀬流水・中山左橋
稲垣正利
少参事兼学校教頭　加藤　高
事務局長　鳥居義処
権少参事兼為政堂幹事　出井正路　佐野三郎

なお、宗家長岡藩より派遣された三間桐一郎・小倉帰一らが大参事として指導にあたっている。

明治四年七月十四日の廃藩置県の詔勅によって小諸藩は廃され、小諸県となる。諸般の事務を整理し、引き継ぎを完了して諸官員一同は廃官となった。ここに、約二百七十余年の小諸藩政は終了する。

小諸藩牧野氏の系図

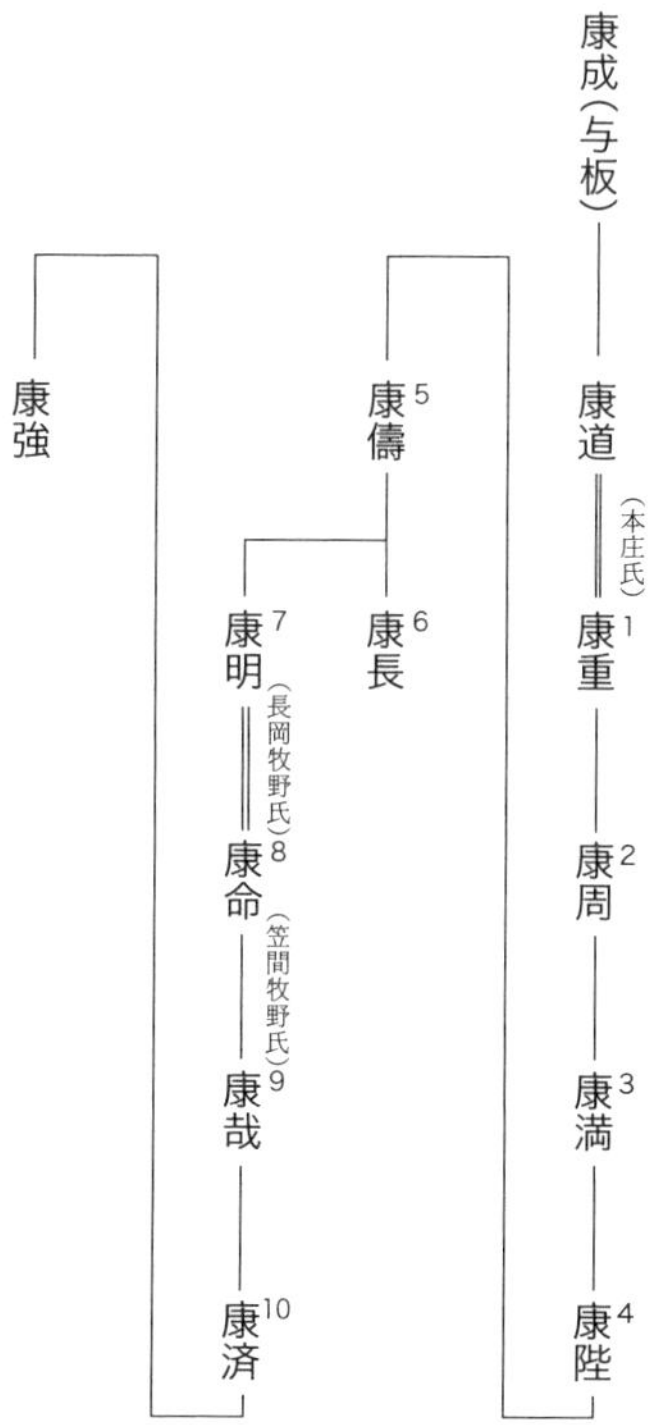

各種の通行手形

『近世関所一覧』（信濃国の周辺だけ抄出）

延享二年（一七四五）（赤坂町・飯塚道重家文書）

『諸国御関所覚書』（『五駅便覧』による）

関所名	軽重	所在地	街道	管理者
大戸《おおど》	●	上野国吾妻郡	大戸通り	幕領
大笹《おおざさ》	●	同	大笹街道	同
猿《さる》ヶ京《きょう》	●	同	三国街道	同
杢《もく》ヶ橋《ばし》	●	上野国群馬郡	同	高崎・松平右京亮
五料《ごりょう》	●	上野国那波郡	同	前橋・松平大和守
碓氷《うすい》	●	上野国碓氷郡	中山道	安中・板倉伊勢守

右六ヶ宿分、女は御留守居証文（女手形）をもって相通《あいとお》す

南牧《なんもく》	△	上野国甘楽郡	（日陰新道	幕領
西牧《さいもく》	△	同	富岡街道）	同
木曽福島	●	信渡国筑摩郡	中山道	尾張藩代官・山村

右は御留守居証文をもって相通す

清内路《せいないじ》	△	信濃国伊奈郡	清内路通	飯田・堀大和守
市振《いちぶり》	●	越後国頸城郡	北国街道	高田・柳原式部大輔
関川《せきかわ》	●	同	同	同
鉢崎《はちざき》	●	同	同	同

●印は重き（重要な）御関所を示し（重要関所）

△印は軽き御関所を示す。（軽格関所）

『弘化二年（一八四五）十二月　牧野《まきの》康哉《やすとし》鉄砲通行手形』

（『長野県史』・伊那市・中原師祥氏所蔵）

覚

一鉄砲　三挺　内　百目玉筒　一挺　十文目玉筒　二挺

右は江州（滋賀県）国友村に生活しておる国友源右衛門と申す者へ張立《はりたて》を申付けた。同州より信州小諸迄差越《さしこ》すので、福島（木曽）御関所相違なく通行御裏印《おうらいん》下され度申上げる。以上

弘化二乙巳十二日　牧野遠江守康哉　㊞（花押）

阿部伊勢守正弘殿　青山下野守忠良殿

牧野備前守忠雅殿　戸田山城守忠温殿

（裏書）「表書の鉄砲三挺関所相違なく相通すべく、本文がここにある。以上」

山城　㊞　下野　㊞　備前　㊞　伊勢　㊞

福島　関所番中　（右は四老中の官名と㊞である。戸田山城守忠温㊞）

『道中先触（江戸屋敷出立小諸へ馬二疋先触《にひきさきぶれ》』（馬場町・牧野一郎家文書）

「表紙　先触　」（街道通行の際、宿駅に対して予め人馬継ぎ立てを依頼した）。

覚

牧野遠江守内　牧野伊織・木俣興之進《おきのしん》

一、馬弐疋　六月十九日　鴻の巣泊　同二十日　倉ヶ野泊　同二十一日　軽井沢泊

右者明後十九日江戸屋敷出立泊附之通に而、来る二十二日信州小諸着の積《つもり》で、宿々滞り無い様頼入申上げる。

牧野遠江守内（牧野遠江守康哉の家臣）牧野　伊織　㊞

木俣興之進　㊞

未《ひつじ》　六月十七日（弘化四丁未年（一八四七）ではないか）。

板橋従《より》

追分迄《まで》　宿々問屋御中

『天明三年（一七八三）十一月
諸村源次郎諸国仏参往来手形』
（『長野県史』・諸・饗場栄二家文書）

往来手形

信州佐久郡諸村百姓源次郎と申す者、諸国仏参《ほとけまいり》の願で此度一子《いっし》を連れて出発したが、御関所相違なくお通しくださるべく、なお、在《ざい》・町《まち》御役所様には、この者共万一病重く相果てることになったら、此方へ御届くだされ、御慈悲をもって、その御在所の御式法に従って御取置下さるべく希い奉る。以上

天明三年卯十一月十九日　信州佐久郡諸村
名主　定右衛門㊞
同所親頼
五右衛門㊞

諸所　御関所様
在所・郷村
御役人衆中様《しゅうちゅうさま》

『碓氷御関所通行手形一通』
（荒町・山崎調一郎家文書）

従江戸　此者壱人信州小諸へ差遣申候御関所無相違
御通可被下候　為後日仍如件《よってくだんのごとし》。
宝暦四甲戌年（一七五四）十月廿七日　松平能登守内
小菅五郎次㊞
碓氷御関所
御番衆中

本陣　母屋

本陣　問屋場

幕藩体制と参勤交代

①武断政治

中央統一政権である江戸幕府と、その支配下にありながら独立の領国をもつ藩という、二重の統治機関をもった政治支配体制を幕藩《ばくはん》体制とよんだ。

幕府から知行地《ちぎょうち》（領地）が与えられた大名や旗本・御家人は、その土地と領民を支配する一方、領民は領主に、また、大名や旗本・御家人は将軍に忠誠や奉公をする主従関係で結ばれた社会組織となっていた。

被支配階級の百姓や町人は、二重、時として三重の主従関係で結ばれていた。

元和元年（一六一五）徳川家康は、大名統制のために一三カ条の法度《はっと》を発布した。これは武家諸法度とよばれるもので、更に三代将軍家光は、寛永十二年（一六三五）に武家諸法度を大幅に改定し、一九カ条として実施した。

幕府は諸大名を親藩《しんぱん》・譜代《ふだい》・外様《とざま》に分け、親藩・譜代は全国の要地に、外様は遠国に配置し、武家諸法度で統制した。そして、石高《こくだか》により人数や武器数を規定する軍役《ぐんやく》、参勤交代、幕府の土木工事の御手伝（国役《くにやく》）などの義務を課した。

これら武家諸法度や課役に従わない大名などには、改易《かいえき》・転封《てんぽう》・減封などを行い、武力によって強圧的な支配をし、武断政治によって幕藩体制を確立した。家康から三代の家光期まで強圧的な体制が続いた。

　大名の改易などにより江戸市中には浪人があふれ、不穏な空気が漂っていた。将軍による独裁を行った家光の死後、四代家綱《いえつな》がわずか一一歳で将軍になったのを機に、慶安四年(一六五一)由井《ゆい》正雪《しょうせつ》らによる幕府転覆の計画（慶安事件）が発覚した。以後、儒学の思想を基礎に、法律や制度を整え、幕府の権威を高め民政に力を入れる文治《ぶんち》政治に転換することになった。

　五代綱吉《つなよし》は、儒学の思想を普及するため、林羅山《らざん》や孫の信篤《のぶあつ》（鳳岡《ほうこう》）を大学頭《だいがくのかみ》に任じ、湯島聖堂を建てた。更に民間にも儒教道徳を普及させ、文治政治を推進した。他方、生類憐《しょうるいあわれ》みの令によって社会が混乱したが、六代家宣《いえのぶ》、七代家継《いえつぐ》の政治を補佐した新井白石《はくせき》は文治政治を推し進めた。

②武家諸法度

　寛永十二年に発布された法度の中から、少し抽出してみる。

- 「大名・小名在江戸（江戸と知行地）の交替相定むる所なり。毎歳四月中参勤★致すべし」

　小諸藩の参勤については、藩主牧野氏を中心にすでに述べたが、譜代小藩としての勤仕は、江戸城の御門番、日光祭礼奉行、奏者番《そうしゃばん》、若年寄《わかどしより》などである。

- 「新儀の城郭構営、堅くこれを禁止する。居城の隍塁《こうるい》（堀と石垣）、石壁、

▼参勤
諸大名が江戸に参勤して将軍に謁見し、幕府に勤務すること。勤仕が終了したら知行地の藩に帰ることが参勤交代である。

以下敗壊の時は奉行所に達し、その旨を受くべきなり」

・「国主、城主壱万石以上、ならびに近習《きんじゅう》（将軍の側近者）、物頭《ものがしら》（小姓番組・大番頭の番頭）は、私に婚姻を結ぶべからざる事」

・「私の関所、新法の津留《つどめ》（領内の物資の移出禁止を新しく命ずること）制禁の事」

・「耶蘇《やそ》宗門（キリスト教）の儀、国々所々に於て、いよいよ堅くこれを禁止すべき事」

さらに、朝廷・寺院・神社の統制のため、禁中並《きんちゅうならびに》公家《くげ》諸法度・諸宗寺院法度・諸社禰宜神主《ねぎかんぬし》法度を定め、京都所司代や寺社奉行をおいて管理させた。

③参勤交代

慶長七年（一六〇二）の金沢藩主前田利長《としなが》の参勤交代が最初であるが、のち大名は在府（江戸）一年、在国（領国）一年の原則が成立した。水戸藩や役付の大名は定府となり、しだいに大名の妻子の江戸常住が恒例となった。「入鉄砲《いりでっぽう》に出《で》女《おんな》★」の取締りが守られて、この監視は関所の重大な任務とされた。

享保七年（一七二二）、幕府は財政窮乏を打開するため、大名より高一万石につき百石の上げ米★を徴収する代わりに、参勤期間を在府半年、在国一年半とした。しかし享保十五年、上げ米の制を停止して、参勤交代を旧に復した。

文久二年（一八六二）、内外情勢の緊迫に伴い、また幕政改革の一環として参勤

▼入鉄砲に出女
上記⑤「街道の整備と関所」の項参照。

▼上げ米
幕府への献上米。

制をゆるめて、大名は三年に一度、その他も三年に一度一〇〇日在府とし、その妻子は在府・在国が自由となった。のち慶応元年(一八六五)に再び旧に復そうとしたが、成功しなかった。これは幕府権力の衰退を示し、大名を統制する力を失った結果であると考えられている。

寛永十二年から数えて二百三十年余続いた参勤体制は、数々の政治的・経済的・社会的・文化的な影響を与えた。それを一〇点に集約して記す。

- 幕府が諸大名の地方割拠の形勢を抑えて、二百七十年余の政権が維持でき、幕藩体制の確立・強化に寄与したこと。
- 大名は江戸と領国との二重生活をすることによって、領国の治世というより、将軍に仕えることが優先し、領国の政治的・財政的な疲弊が生じた。そのため民意をおろそかにした治世は一揆や逃散を招いたり、領主自らの除封に発展したことも数々である。
- 特に遠隔の外様大名には多大な負担がかかり、幕末には尊王倒幕の運動に発展した。
- 交通制度の過酷な課役や助郷《すけごう》は、農村経済を疲弊させ、それが要因となって百姓一揆を招き、倒幕運動にも連動した。
- 江戸文化と地方文化を交流させ発展させた。元禄文化・化政文化を支えにした地方独特の文化も目立つようになった。

小諸藩に焦点をあわせてみると、祇園《ぎおん》神輿・ささら踊り・小室節・八朔角《はっさくず》力《もう》・念仏踊り・和算《わさん》・西洋医学・種痘《しゅとう》・西洋陣法・洋学・飯盛女《めしもりおんな》など、この地方独特の文化・学問・民俗・芸能などが発達している。

・江戸・京都・大坂の三都を中心にした大消費都市が誕生し、物流の基地を中心にした商品流通圏も成立した。

・水陸交通が整備され、多様な交通手段の発達を促した。中山道《なかせんどう》・北国《ほっこく》街道・甲州街道・大笹街道の接点にあたる小諸藩の領域は、まさに交通の要衝にあった。また坂東へ通じる脇道も数条を数え、牛馬《ぎゅうま》による輸送も発達し、利根川・千曲川の舟運で、米・塩・魚などが運べるようになった。

・参勤交代の道筋にある宿場町の繁栄にはみるべきものがあり、消費生活は活発であった。町人や農民の中から豪商や豪農に発展した者も多く、活発な商人の台頭がみられる。

　小諸藩とその城下には、城下町と北国街道宿場町と物資の基地の商業活動の三つが重なった姿がうかがえる。

・たばこ・甘藷《かんしょ》・藍《あい》・薬用人参・漆・蚕・鯉・てんさいなどが、商品作物の奨励で普及し、各地に流通するようになった。

・他方、思想面では島国的・閉鎖的な考え方が育成されてきた。

④参勤交代の関所手形

牧野氏以前の藩主の参勤交代を語る史料がないため、手許にある牧野氏の例から概要を記す。

江戸・小諸間は四二里（約一六八キロ）である。三泊四日の行程ならば一日に一〇里半（四二キロ）、四泊五日ならば一日に八里余（約三三キロ）である。

宿泊の場所は、藩主によって異なる。また参府と帰国の日程は、天候によって異なったが、鴻巣《こうのす》・本庄・新町・倉ケ野《くらがの》・坂本などに宿泊することが多かった。

参勤交代のときは、「道中先触《どうちゅうさきぶれ》」を、板橋より追分まで宿の問屋宛にだして、宿泊と人馬の継ぎ立てをあらかじめ委託する制度になっていた。九代牧野康哉《やすとし》の帰国時の先触をみると、弘化四年（一八四七）六月十九日に江戸屋敷を出立し、鴻巣・倉ケ野・軽井沢で宿を取り、二十二日に小諸着という予定である。

「第三代牧野康満公参勤交代発駕書留」によると、安永六年（一七七七）六月二十七日に鴻巣泊り、二十八日新町泊まり、二十九日坂本泊まりの予定であったが、痔疾で新町で二泊、七月二日小諸延着と記している。道中の行列は、計一六〇人とみえる。

「入鉄砲に出女」の統制の実情を確かめてみる。「碓氷《うすい》関所文書」によると「上方《かみがた》より下り鉄砲は公儀手形《こうぎてがた》にて通す。上方に出る鉄砲は改めこれなく」とある。鉄砲手形は「入鉄砲」に必要であり、手形は四人の老中から発行されている。

諸国仏参りには往来手形が必要であり、自分の住む村の名主が諸国の関所や郷村の役人宛に発行したものである。

女手形は、女性用の関所手形である。その起源は、元和二年(一六一六)江戸藩邸にいた大名の妻子の逃亡を警戒する目的で設けられたものであり、女性の街道往来の取締りは厳重であった。まさに「入鉄砲に出女」で、武器とともに女性は関所で厳しく警戒された。

女手形には女・禅尼・比丘尼《びくに》(尼・私娼)・髪切・小女・乱心など区別が明記され、関所では婦人を雇って、時に髪を解き、衣類を改めさせることすらあった。これを番女・改め婆などとよんだ。女手形は、老中の支配下にある留守居年寄衆が発行したといわれている。終末の「これも小諸」の中で各種の手形を誌す。
⑤街道の整備と関所
慶長六年(一六〇一)に東海道に伝馬《てんま》制度を定め、宿駅に逓送用の人馬を常備し、公用者を次の宿駅まで継ぎ送りする宿駅制が整えられた。

同八年頃までに中山道・日光街道・奥州街道・甲州街道が整備され、宿駅制が整えられた。東海道では一〇〇人・一〇〇疋の人馬が用意され、中山道は五〇人・五〇疋、その他は二五人・二五疋の人馬が用意された。重要な箇所には「入鉄砲に出女」を監視する関所が設けられ、一定の間隔に宿場を設けて、五街道と脇往還は幕府の支配下におかれた。

各宿場の伝馬・旅宿・飛脚、その他道中に関する事務、並木の管理、橋の普請、人馬の管理、人馬賃銭の取り決め、諸大名の人馬の使用、街道の普請、助郷、飯盛女、関所破りの取締りなどは、道中奉行が管理・支配した。

北国街道は慶長十六年、高田藩主松平忠輝《ただてる》が佐渡の金を大量輸送するにあたって伝馬制度を命じたといわれている。

北国街道は、公用者の旅行、同荷物の逓送、佐渡金の輸送、唐丸籠《とうまるかご》の通行、加賀前田家など北陸や北信濃・東信濃などの諸大名の参勤交代を中心に、東海道と北陸道を結ぶ物資の流通路として大事な役割を果たした。加えて、社寺参詣の旅人、庶民や文人墨客・芸能人の通行があった。したがって、街道の往来を通して多様な文化の交流がみられた。

北国街道の宿場人馬は二五人・二五疋で、各宿場の人馬は、小諸宿の市町・本町・与良荒町が責任をもって常備した。馬を用意し労役に従事する課役を伝馬役とよび、伝馬屋敷の間口に応じて馬役・歩行《あるき》役を負担した。

宿場の定置人馬を補充させるために、宿場周辺の村々の農民を動員して人馬継ぎ立ての役務を負担させた。この課役を負担した郷村を助郷村、または助郷とよんだ。参勤交代などによる交通需要の増大によって、この課役は恒常化され、農繁期の時期と重なるため、助郷課役の金銭代納が一般化した。また、農村の労働力を多量に奪う助郷は、農村疲弊の原因となり騒動につながった。小諸宿の助郷は菱野村など一三カ村である。

宿場は、二つの性格をもって機能を果たしていた。その一つは駅伝の業務であり、問屋場が担当した。主宰者は問屋である。もう一つは休泊の業務であり、各宿には本陣《ほんじん》・本陣代・旅籠《はたご》などがおかれた。

文政四年（一八二一）の「本町惣旅籠取極」の記すところでは、小諸宿には三一の旅籠がみえる。

小諸藩主牧野氏十代の参勤交代の概要

代	藩主	在職年数	江戸→小諸	小諸→江戸	日数
1	康重	二〇	七回	八回	四泊五日
2	康周	三六	一八回	一七回	四泊五日
3	康満	二六	一四回	一四回	四泊五日
4	康陛	一〇	七回	五回	四泊五日
5	康儔	六	三回	三回	四泊五日
6	康長	一九	一回	一回	四泊五日
7	康明	八	四回	五回	四泊五日
8	康命	五	一回	一回	四泊五日
9	康哉	三一	八回	八回	四泊五日
10	康済	六	五回	四回	四泊五日

宿泊日数は多いものをとったが、三泊四日と四泊五日が常例となっていた。時に大雨の川留で逗留になると、五泊六日、六泊七日となったり、病気で二日も逗留するということもあった。

（『小諸藩主牧野氏年譜』より）

第五章 小諸人が小諸藩から継承した不易な生き方

小諸藩の梅花の精神と誠実な生き方を指標とした小諸人。

① 天神社・荒神社

小諸城の築城当時より鎮座した天神社は、各藩主から崇敬され、不易で誠実な人生の生きる哲学として継承され、今日まで発展してきた。
人間が誠実に生きることの大切さを持った社会でありたいと願う小諸人である。

天神社・荒神社

本丸の北、帯曲輪《おびくるわ》の外の紅葉ケ丘の右側に天神《てんじん》様（菅原道真《みちざね》）と荒神《こうじん》様（火《ひ》之《の》迦具土命《かぐつちのみこと》）を祀った社があった。大きな楓があったところから、紅葉ケ丘とよんだ。

創建の年代などは不詳であるが、乙女の荒神とよばれていたといわれている。すでに小諸城（鍋蓋城）築城当時から鎮座し、のち大井伊賀守光忠《みつただ》が篤く信仰し、社殿を造営し祭事が行われてきた。江戸時代には青山因幡守宗俊《むねとし》が、神領を寄進している。

「天神は天正十二、十三年（一五八四、八五）の頃、小諸領主松平康国《やすくに》の時、或る夜、城内の空濠の中より光あるを見て、不思議の感を起こせしに、数夜に及ぶをもって、人をしてその場所を掘って見たところ、四、五尺下より天神様の像を得たり。

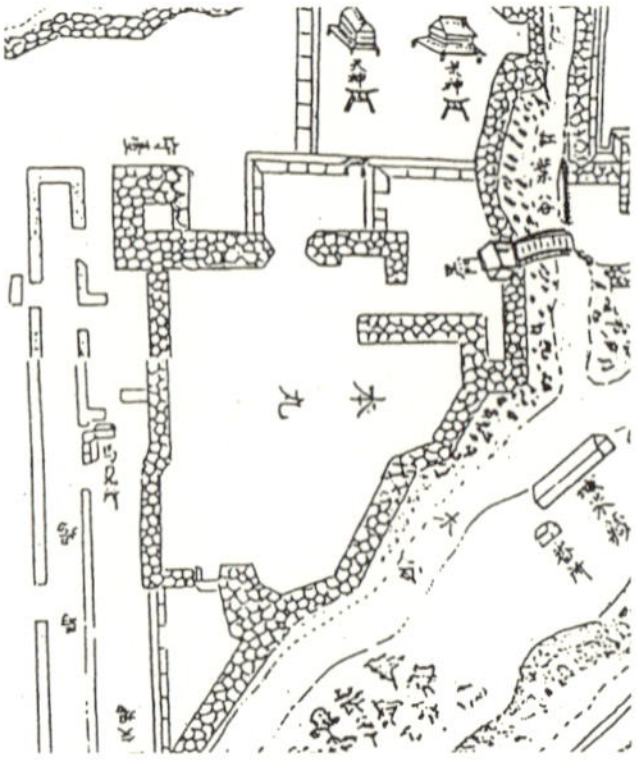

小諸城本丸部分

これ即ち天満宮なりと崇め荒神と併せ祭れり。

爾来歴代の城主崇敬の神たり。慶長年中(一五九六〜一六一五)、仙石秀久、社殿改築、承応年中(一六五二〜五五)青山宗俊、除地十二石を寄進する。

元禄十五年(一七〇二)牧野氏移封してより、尊信最も篤く、社殿の造営修理怠りなく、毎年の祭祀の如き　城主自ら参殿して荘厳の式を挙げ来れり。

然して、明治十三年(一八八〇)旧藩士、懐古の情より懐古園を設くるに当たり、此の二神と歴代の藩主を合祀し、社殿を本丸脇より本丸跡に築営し懐古神社と称す。

社地一町五反三畝二九歩、花木松柏（松とこのてかしわ）を植えつけ、懐古園と名づけ以って四民群遊の所とせり」（「小諸社寺攷写」より）

菅原道真

平安前期の文人貴族であった菅原道真★は、いわゆる天神様として祀られ、学問の神として広く信仰され、現在では大学・高校入学祈願の神である。

東風《こち》吹かばにほひおこせよ梅の花
　あるじなしとて春な忘れそ

春が来て東風が吹いたなら、梅の花よ、たとえ主人がいないからといって、春

▼**菅原道真**(八四五〜九〇三)
平安前期の公卿・文人・政治家で、菅原是善の子。右大臣。菅公と称され、宇多・醍醐両天皇の信任厚く、藤原氏を抑えるため重用された。延喜元年(九〇一)、藤原時平の讒訴により大宰権帥に左遷され、翌々年配所で没した。性謹厳にして至誠、漢詩・和歌・書をよくし、没後学問の神天満天神として祀られた。

を忘れて咲かずにいてはいけないぞ、と。九州の大宰府《だざいふ》の役人に左遷され、京の邸の梅を思う哀切な道真の詠歌である。

梅の花は早春、葉に先立って開き、白色・淡紅色・紅色の五弁または重弁で芳香がある。果実は球形の核果で酸味が強く、梅干しや梅酒とする。未熟時に生食すると中毒することがある。このような梅の性質から、梅香・梅花・梅芳という文言もうまれてきている。誠実に生きる、至誠を貫く、このような人生は菅原道真に代表される。

梅鉢は菅原道真の紋として有名であり、単弁の花を上からみた形を図案化したものである。屋根の破風《はふ》にとりつけて棟木《むなぎ》や桁《けた》の木口を隠す装飾を、懸魚《げぎょ》とよんでいるが、その中には梅鉢懸魚もある。

小諸藩主松平憲良と鶯石

『寛政重修諸家譜』によると、松平氏の本姓は菅原氏。菅原道真の遠裔であるといわれ、久松松平氏の家紋は「星梅鉢」である。

松平氏は天神社の由緒を知り、いっそう崇敬したという。また、黒門や大手門・足柄門などに梅鉢懸魚が採用されている。これ以前の正嘉二年（一二五八）に建立された布引山《ぬのびきさん》釈尊寺《しゃくそん》の観音堂の梅鉢懸魚は、絵巻物によってその存在は知

南丸入口の鶯石

られていた。このお堂が発見されたので、日本唯一の遺物でもある。建立年代が明確であり、美術史上においても重要な建造物である（観音堂は国重要文化財）。

南の丸の入口の大きな菱形の石は、鶯石《うぐいすいし》とよばれている。城内で祝事があったとき、あるいは藩主通行のとき、美しい声で鳴いたといわれる。また雨天のやや水を注ぐと、石面に老梅と鶯の形が現れるという。まさに「梅と鶯」である。

梅瑞気満梅花（梅、瑞気梅花に満つる）

梅の花はめでたく、こうごうしい雰囲気である、といわれている。

二　藩主の不易な生き方

三代藩主牧野康満《やすみつ》の参勤交代の六文書の一つに、「御進物覚帳」がある。それには、

「御進物は一切御断りで、受納なきよう、本陣・問屋のお迎えに出ることお断りする……」などとある。進物は一切断り受納しないように、また権威ばらずに謙虚な姿勢で、庶民との対応も礼儀正しく、誇りをもって参勤交代をした姿が読みとれる。

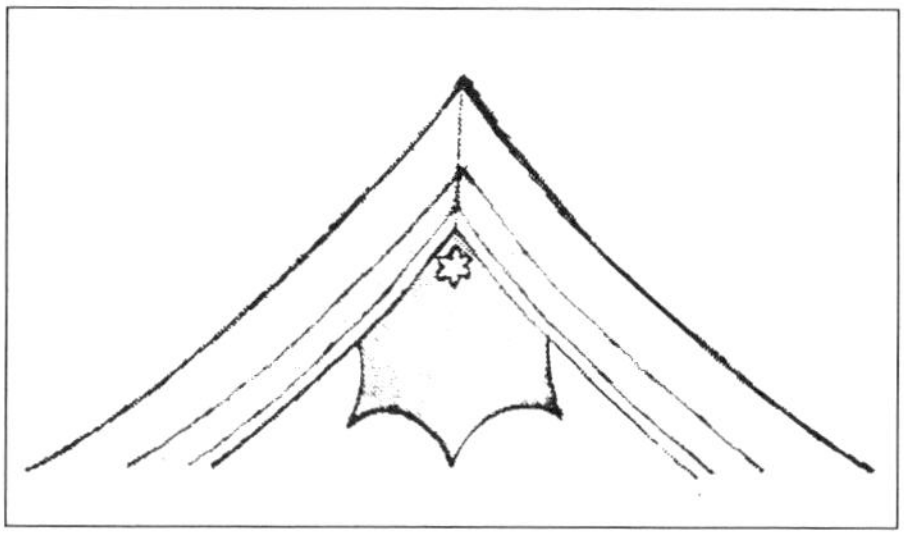
布引観音の梅鉢懸魚

九代藩主牧野康哉《やすとし》には、前述したように名君の治世と生き方が読みとれる。凶作の連続と飢餓により窮民の続出する状況の中で、育児法・養老法の実施、種痘《しゅとう》の施行、種籾の給付、囲米《かこいまい》の支給、商品作物の栽培奨励、農業改良と開墾、殖産興業など数々の民政は、為政者としての誠・実・真であって、領民に対してよかれと思う心の誠意や真情である。

菅原道真が至誠に生きたその姿を、不易な心や哲学として継承したものと考えるべきであろう。幕末の英主といわれる所以である。血の通った施策、涙のみられる心、感動の治世である。

明倫堂《めいりん》での勉強や文武両道に励んで自己研鑽をした史実は、自主・自立・自律の不易な生き方でもある。

また、自らを考えるとともに他をも考えていくこと、「無事於心無於事、物となって考え、物となって行ふ」——自己が物の自己となる、自己が絶対者の物となる、物となって考え、物となって行う……と教えた哲学者西田幾太郎の哲学に通じるもので、変わらざる人間の生き方である。

明倫堂の教育精神

藩校明倫堂の教育精神は、人の道（倫理＝道徳）を明らかにし、身につけることである。

父は義、母は慈、兄は友、弟は恭、子は孝の五教（五常）である。

「苦中の苦を受けざれば、人上人と成り難し」と、総長高栗弾之丞は述べ、藩士の子弟が学問や道徳に励み、切磋琢磨することを願った。

また、藩主牧野康哉は、文武両道に嗜《たしな》ませる藩政を行い、自らも学び精進する。自ら勉学にいそしみ、武士道に没頭する意味や価値や方法を各人に授け、自らも範を垂れた。このような向学の精神は、不易な生きる哲学として継承された。

小諸教育と梅花

小諸小学校の前身である藩校明倫堂には、菅原道真の唱えた学問尊重の気風が溢れていた。

明治二十六年（一八九三）、耳取町佐藤知敬方に小諸義塾を開いた塾長木村熊二《くまじ》は、「起居坐臥を共にし、学び合って見聞を確かにすると共に精神を陶冶することである。品位を高め、人格・気風を育てることが、人間教育の本来のねらいである」と述べる。

明治三十九年三月に閉塾したが、不易な生き方を学んだ五二〇名余の卒業生は、小諸人として各界で活躍した。

明治三十四年から八年間小諸小学校に勤務した佐藤寅太郎（長洲）校長は、同年、緋ラシャと白ボタンで梅花をつくり、これを校章として定め、全校の児童の胸に飾らせた。これが梅花の徽章である。

「胸にかざる梅の花
　これわが校の徽章なり
　雪にも霜にもうちたえて
　よろずの花にさきがけて
　良き香り放つ梅の花
　学びの道もかくしてぞ
　千代の香りの花も咲く
　いざ勉めなん勤勉を」

という全校唱歌をつくり唱和させた。このような精神を表したのが梅花の徽章である。

梅花は、学問の神様として尊敬された、菅原道真の誠の心を表現したものである。児童に理想を与え、自覚を促し、勉学にいそしませるところに狙いがあった。すなわち、梅はどんな冬の厳しさにも耐えて、春に先駆けて咲く気品の高い花であり、好文木として学問を愛する意味をもつ花であったからである。

小諸の学問と梅とは不可分の関係がある。菅原道真が小諸城内の天満宮（天神

教育の精神を表した梅花の徽章

様）に祀られており、小諸小学校の前身である明倫堂でもこの精神が尊重された。
このような梅花が、学校教育の精神の象徴として、教育の中核にすえられ、梅花教育の伝統として基礎づけられた。

昭和九年（一九三四）から十九年までの、十一年間、小諸小学校長を務めた松岡弘校長（のち、信濃教育会長）は、梅花の精神（徽章）を具現したいという願いから、景山隠士（徳川斉昭《なりあき》）水戸烈公《れっこう》の「梅花詩」を各校に配布して、梅花教育を充実させた。

▼梅花詩　景山隠士

独歩先鞭天地春
任地霜雪動傷身
高風峻節誰相識
唯有心腸鉄石人

誠実で品性高き梅花は、風雪の極寒に耐え、先駆けて咲く。この梅花の精神を、人間の生きる道の根底にすえたいものである。梅花のすばらしさを愛でつつ、梅花に願いをかけて寄せる。

また松岡校長は、梅花教育に通じるものとして「正、健、剛」の目標の具現を掲げた。

▼万物に先駆けて咲く梅の花は、時に霜雪の厳しさに傷めつけられることもあるが、気品の高い理想と鉄石のような固い意志と気力で、目的を達成したいものである。

影山隠士　梅花詩

正＝正しいこと。誠の心をもつ人。
健＝健やか。健全な体をもつ人。
剛＝強く勇ましい。勇壮な気力をもつ人。

正・健・剛の目標は、武者小路《むしゃのこうじ》実篤《さねあつ》の言葉に通じるものがあり、不撓不屈の精神や気力を鍛錬する人生訓でもある。それは耐雪梅花の梅にも通じる考えである。

「師よ、師よ、何度倒れるまで起きあがらねばなりませんか。七度までですか。否、七を七〇倍しても程倒れても、尚汝は、起きあがらねばならぬ」（実篤）

小諸小学校が小諸西中学校に発展したとき、昭和二十七年（一九五二）度から同三十四年の間、七年間務めた高野禎吉校長は、昭和三十二年に梅花教育を継承し、新たな理念のもとに位置づけた。つまり、小諸教育の根幹とするため「南洲《なんしゅう》の詩句」を掲げて校是《こうぜ》（教育目標）とし、生徒の生活指標とした。

▼「雪に耐えて梅花麗しく
霜を経て楓葉丹し」

と教え諭した漢詩で、南洲（西郷隆盛）が甥の市来《いちき》宗助に与えた詩の一節である。

「とわにぞ香る白梅の校章かがやく我が母校」（小諸東中学校校歌）

西郷南洲の碑

▼「極寒の雪に耐えてこそ、梅はあのような香の高い花を開くし、急にやってきた寒さや霜のおかげで、紅葉は見事な丹色あいをだすではないか。天意を識ることができるならば、困難な時にこそ、優れた人物や人間本来の誠の人間が育てられるのだ」

「まず咲き匂う紅梅と輝く瞳燃える頬」（芦原中学校校歌）

小諸市は、昭和二十九年四月一日、南大井村・北大井村・大里村・川辺村・三岡村の五カ村が小諸町を中心に、合併し、小諸市として発足した。平成十六年（二〇〇四）度には、市制施行五十周年を迎えた。

市章は市制施行の姿を表徴したもので、五枚の花びらは五カ村を意味している。市の木である梅と小諸市のゆかりは深く、小諸の学校の教育精神を表す花として、市民の心の中に生きている。厳しい冬の風雪に耐え、春に先駆けて咲く気品高い梅の花は、小諸市の輝かしい未来を表徴している。

また、芦原中学校開校十周年の昭和四十四年、秋の記念行事の一つとして、梅花の教育精神を脈々と伝えたいという願いから、一三〇〇メートルの通学道路の両側に紅梅三〇〇本を植栽した。たまたま著者は在職中で、係として植栽や手入れの企画をした。組ごとに分担して植えることや、手入れのことなど生徒が体験し、梅の木にかかわることを通して、梅花教育の真髄にふれさせることができた。あの日からすでに三十五年余、感無量なものがある。

左から
小諸市章（昭和二十九年四月制定）
芦原中学校の校章（紅梅）
小諸東中学校の校章（白梅）

梅ケ丘と句碑

『私立小諸義塾沿革誌』（林勇編著）によれば、明治二十九年（一八九六）二の丸跡に梅数百株を植え、梅ケ丘とよんだ。角田忠雄・牧野成功・塩川孝吾の三名が協力し、城址が荒蕪の地と狐兎の巣になるのを防ぎ、往時を追慕する場所とした。

碑文は残されているが、碑は建てられなかった。碑文は次のようにいう。

「小諸城跡之中に、一つの高い丘有り。相伝ふ。往昔仙石秀久《せんごくひでひさ》封を受け、此れ小諸常居なり。其後諸牧伯（諸侯）迭移封する。而《しこうして》、元禄の季牧野氏世々之を治む。且（その上）丘に拠って二城の館（二の丸）を築いて居る焉。

維新之後、朝廷廃藩置県となる。随って城郭を撤廃（壊す）而、牧野氏を東京に召し華族を以て列せらる焉。

是於、未だ休館頽廃の幾、園樹朽枯而、半桑麻の場となり、半狐兎の窟（巣穴）となる。

欲知の二氏、往時の跡得るべからず也。吾先人嘗仙石氏より、今われ牧野氏と子弟の誼《よしみ》有り。毎相携丘上を徘徊し、往時を追思し、悵然（恨み嘆き）去能《さるあた》わずの事久しい。

今茲丙申（明治二十九年）、郷人角田忠雄・牧野成功二君与みし、塩川孝吾君協力

し、雑草を誅し（取り除き）、桑麻を移し以って、梅数百株を植え、新名、梅か丘と曰ふ。

荒蕪の地（荒れ果てた土地）復興能わずと雖、甘棠《かんとう》之美風（よい政治を行う人に対する尊敬と信愛の情）庶幾乎。

使、後人（子孫）莫諼の為（忘れてしまうのを配慮して）、二氏之を遺愛をする。　明治二十九年」。

小諸与良《よら》町に疎開していた近現代俳句の巨匠高浜虚子《きょし》の句碑が、馬場西の城山入口に建立されている（平成元年〈一九八九〉三月十二日建立）。

紅梅や　旅人我に　なつかしき（昭和二十年〈一九四五〉四月十四日詠）

梅と小諸は由緒のある結びつきであり、また梅ケ丘ともかかわって、梅の花が気品のある花として、また誠の心を不易なものとして継承している小諸人の、生きざまを愛でたものであろうか。

小諸の商人魂

次ページの写真は、元禄期（一六八八～一七〇四）から台頭してきた本町の豪商、大和屋《やまとや》呉服店ののれんである。

こののれんの「現金正札《しょうふだ》、懸直《かけね》（値）なし」と、角屋権兵衛の「廉価実直」

の文言は、小諸商人の心を代弁している言葉である。購入する消費者の必要感も「安くてよいものを」という心と一致する言葉で、そのような正直で誠実な対応は、購入者に共感や共鳴の情を起こさせる。小諸商人のこうした商売の結果、信用をかちとって商業を発展させ、「安く仕入れて安く売る」商人道になり、商人魂となった。

　低廉・着実、特に正直・誠実な心の持主の商人ほど喜ばれた。長い間の生活や商売から築きあげた、生きる哲学であり商人魂である。小諸の歴史や風土のうえに立って、菅原道真の誠の心や、梅花などから学びとった不易な哲学である。「ありがとう」という礼や感謝のご馳走が商人魂を支える大切な要素である。

　質素倹約と忍耐を旨として、「惜しむべきときに惜しみ、散ずべきに散ず」という美風のもと、商行為に積極的に取り組み、資本の回転を速くして、次の商品を仕入れて、薄利多売を基本にした。

　買い求める者は、商う（生産者と消費者の間に立って品物を受け渡し、若干の手数料をとって生活する）者の人間にほれこむものである。それは偽りのない心で、人に対してよかれと思う心の商人である。そこに信用がうまれ、いい商売が成立する。

　次に掲げた額には、「行事以誠　明治丙子（九年〈一八七六〉）十一月　委嘱　龍華山人」と記してある。

大和屋ののれん

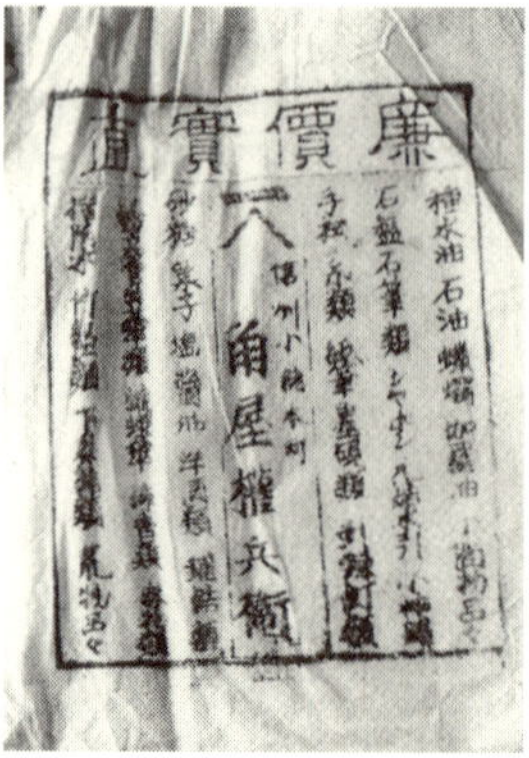

角屋権兵衛の広告

「事を行うには、誠を以って行う」と読む。その意味は、作る、売る、買う、事業を立ちあげるなど仕事をするとき、いつも他を思う心、感謝する心、自己研鑽をする心、偽りのない心——誠が大事だという生きる哲学を、端的に表明した文言である。この章のまとめの文言である。

下の書は、小山邦太郎国会議員の書で「粒々皆辛苦」とある。一粒一粒が、日照り・気温・水などの自然と技術などにより、それぞれ異なる辛苦をもっている。その辛苦に思いをはせて大事に扱ってほしい。ひとかたまりとして扱うのは禁物であり、まさに人も同じく個的な存在である。したがって個性的なものを伸ばすことが必要であり、それを全体の中で統一し調整しながら、一粒、一粒が存在感をもって生きられる社会でありたいものだ。

「小諸人が小諸藩から継承した不易な生き方」の第五章は、小諸藩物語の総括でもある。

誠・真・実・信の文字は、誠実・真実・信実などの言葉で使われる。偽りのない心、真心があって真面目、心を実らせる、まことなどとの意味に解されている。自分に対して（対自的）、他人に対して（対他的）、社会や自然に対して（対社会的）、偽りなく真心をもって生きたいと思う心は、人間本来の願いである。まさに人間本来の生きる哲学である。そこには人間の自主・自立・自律など、人間のあるべき姿が基底に求められる。

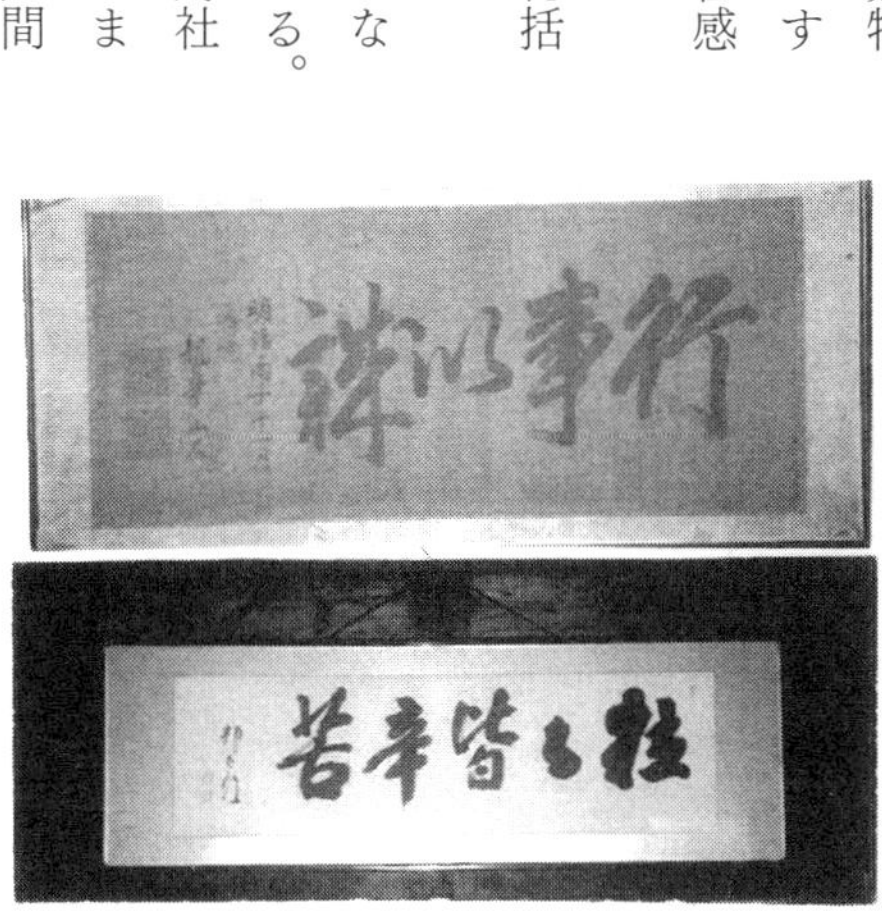

小諸市荒町・小山家所蔵の額
天神社・荒神社

菅原道真の生き方が小諸藩で崇敬され、不易な生き方として継承されてきた。小諸人は不易な生き方を継承し、あるべき人間の生き方の哲学として大事にし、子孫にも継承させて誠実な社会を構築したいものである。

学びの徒、誠に生きる小諸人、温故知新はこの道標である。

付録　小諸の唄と人々

近世近現代に小諸で育った人々とその子孫①

領域	氏名	生年・没年	生地	幼名・字・諱・号	経歴
儒者	高栗寛喬		城下	弾之丞、永臣	側用人、明倫堂創設（享和２年）司業
	角田勝友	安永６～天保13	〃	市郎太夫、国輔	山鹿流、長沼流兵法、学舎創立、明倫堂世話役
	鳥居義利	安永３～安政３	〃	平馬、永貞	側用人、学舎創立
	村井盛哉	安永７～安政５	〃	平兵衛、四徳	家老順席、学舎創立、明倫堂総轄
	今枝栗園	享和３～慶応３	〃	九郎作、九郎左門	兵法世話役、明倫堂司業、書道家
	太田道一	文化13～明治30	〃	宇忠太、道興張弛	和歌、書道、懐古園設立、小諸銀行
	高崎郁母	文政４～明治元	〃	武太郎、教方	興復方専任、『御国計之儀』
	角田勝道	享和２～明治３	〃	文之助、敬助	湯島聖堂入門、明倫堂司業、米庵流書道
	角田義勝	天保10～明治７	〃	良之進、貞幹	昌平黌入門、明倫堂司業
	加藤景高	文政10～明治６	〃	錬之助、拙斉、我斉	昌平黌入門、『拙斉遺稿六巻』
	押兼正修	天保６～明治２	〃	文三郎	勝道三男、押兼家養子、明倫堂誦司、書家
	白倉松軒	寛政４～天保３	〃	潤徳、斉民、宗俊	明倫堂司業、侍医
和算	関五太夫	安永元～文化９	荒町	子華、輝蕁	関流和算継承者、神谷藍水に師事
	小林茂吉	寛政８～明治４	市町	忠良、神山	関流和算家、勧戒の器
書家	清水俊介	文政８～明治35	宮沢	善右ヱ門	栗園に師事、書道家、書塾、謡曲
	小林茂三郎	文化９～明治24	川辺	勝行	大工修業、書道家、書塾
	土屋米山	弘化元	西原	応貞	栗園に師事、米庵流書道、書塾
	土屋篠山	享和２～明治16	〃	応明、笹右ヱ門	栗園に師事、米庵流書道、寺子屋
	土屋茂兵衛	嘉永３～大正４	〃	義謙、蘭峨	栗園に認められ、米庵流書道、区長、助役
	小林寛民	天保５～明治40	八満	彦左ヱ門、正道	江戸で修業、細井広沢に師事
画家	牧野愛山	天保６～明治29	城下	勇四郎、正発	側用人、谷文晁に学ぶ、『輔佐三輔之臣図』
	松井峴山	宝暦９～天保７	八幡町	（玉林寺）	谷文晁と交友、山水画を得意、諸国遍歴
	発田巌斎	文化２～明治７	石峠	喜兵衛、竹仙	峴山に師事、竹の画が得意
	池田龍斎	天保12～大正12	北大井	政平、一雲	狩野派に入門、諸国修業、花鳥山水
	依田文甫	安政６～大正８	上の平	利一	文晁派の画（花鳥）戻り橋架替
	桶田正陽	明治７～大正６	与良	正三、為呑、敬年	川端玉章に師事、山水、仏画
	与良草蛾			左平治、篤袖	谷文晁に師事、南画
	丸山晩霞	慶応３～昭和17	禰津	健作	太平洋画会員水彩画洋画の先駆者
俳諧	小山魯恭	安永５～天保４	与良	彦太郎、藤兵衛	俳諧『糠塚集』４巻、多くの文人と交友
	小林葛古	寛政５～明治13	八満	四郎左ヱ門、正美	葛山に師事、俳諧、庄屋、私塾、『きりもぐさ』
	小林新六	寛政11～明治19	〃	四郎、伊兵衛政倫	江戸で俳諧を学ぶ、老後帰郷、江戸で有名
	小山勝根	文政11～明治32	柏木	要右ヱ門、木山	俳諧、和歌をよくし、江戸で活躍
	小山露交	明治13～昭和35	荒町	清蔵	俳句、和歌、御牧ケ原開拓
	小山曲水	明治22～昭和36	〃	広	俳句「高原」発行、町議、郷土史研究
	滝沢慶三	明治６～？	赤坂	掬泉	俳句宗匠として活躍
	牧野華紅	享保17～享和元	江戸	康満、大助	３代小諸藩主
	平井与五兵衛	文政年中？		戸燕	吉沢鶏山系の俳人
	臼田亜浪	明治12～昭和26	新町	卯一郎	新聞編集、俳譜『石楠』創刊
和歌	小林繁香	寛政４～安政２	本町	秀倉、松蔭真栄	神職、国学神道、和歌を良くする。
	山田辨道	文政４～明治24	田町	吟泉、葵園	修験職、平田派入門和歌に長ずる。
	白樽山春利	文化13～明治14	城下	亀四郎	繁香に師事、国事に尽力、歌集
	小林民治	文久２～昭和14	久保	桜樹庵、和民	篤農家、和歌、書道に精進
	宮坂古梁	明治18～昭和30	海野	常	新聞記者、牧水、水穂に師事、小諸町長
	牧野鶯山	文化６～天保３	江戸	康命、鐺吉	８代小諸藩主（長岡藩より養子）

近世近現代に小諸で育った人々とその子孫②

領域	氏　　名	生年・没年	生地	幼名・字・諱・号	経歴
武人	牧野弘人	天保 10 ～元治元	城下	五郎、正国	小諸藩剣士、水戸藩半平の実家を継ぐ。
	佐々木如水	文久年間	〃	盛信、兄節庵	学問武芸に長じ、新徴隊に入り、酒田藩に属す。
	隈部恭斎	文政 3 ～明治 37	〃	忠良、直記、篤之	種田流（弓槍）大坪流（馬）皆伝、明倫堂司業、書道
	隈部親信	明治 2 ～昭和 9	〃	槐蔭	陸軍少将、小諸町長（懐古園充実）
	隈部　潜	嘉永元～大正 13	〃	左富、煙岳	陸軍少将、大日本刀剣会長
	椎塚猪野右衛門	寛政年間	〃	（小諸藩士）	江戸詰の剣客
	山本清廉	寛政 8 ～安政 7	〃	鋭吉、要左ヱ門	馬術に長じ、山浦（刀工）を招じ、力士も養う。
	中山貞邦	文化 8 ～明治 25	〃	軍蔵、慎蔵	直心影流師範、道場、詩文にも長ず。
	高橋鋼次郎	天保 7 ～元治元	〃	（小諸藩士）	千葉道場の塾頭、水戸藩騒動にかかわる。
	甘利恒雄	明治 19 ～昭和 30	和田		海軍少将、火薬研究につとめる。
	大塚　操	明治 27 ～昭和 22	赤坂		陸軍法務少将、不運にも戦犯となる。
	井出　節	明治 27 ～昭和 18	城下		陸軍少将、陸軍大学付、戦病死
政治	牧野八郎左衛門	天保 5 ～明治元	〃	数馬、成道	家老
	加藤成昭	元文 2 ～寛政 7	〃	松五郎、信陵	家老（寛政 5 ）藩政立直し、文武両道
	真木要人	文政 11 ～明治元	〃	豊之助、則道	家老（慶応元）明倫堂誦師
	高栗儀人	天保 13 ～明治元	〃	寛徳	小納戸役
	西岡信義	文化 13 ～明治 30	〃	孫也、五郎左衛門	興復方主任、小諸町長（明治 22 年）
	鳥居義処	弘化 2 ～大正 15	〃	軍次郎、半蔵	北佐久郡長、御牧ヶ原、軽井沢開発
	山本清明	嘉永 5 ～昭和 4	足柄	才助、弘道、桂香	江戸で漢籍を学ぶ、県議、政治運動
	伊藤龍雄	安政 5 ～昭和 20	〃		学務委員、小諸町長三期、教育行政
	吉村源太郎	文久 3 ～昭和 16	横島	煙嶺	県会議員二期、小諸町長（大正 11 年）
	石塚重平	安政 2 ～明治 40	市町		自由民権（盤鴻社）、衆議院議員
	小山久之助	安政 6 ～明治 34	与良	鰐斎	中江兆民に師事、衆議院議員、新聞刊行
	小山松寿	明治 9 ～昭和 34	〃		衆議院、議長、名古屋新聞社長
	柳沢禎三	嘉永 6 ～昭和 5	大久保	信敏、山八	県会議員、郡会議長代理
	小林秀太郎	慶応元～明治 24		淩雲	自由民権（盤鴻社）渡米
	小山完吾	明治 8 ～昭和 30	与良		諭吉に師事、衆議院、貴族院議員時事新報
	稲垣重為				県大属、東筑摩郡長
教育	林　道記	弘化元～大正 4	平原	勇、秀山、尚風	詩文に精進、教職、「平原義塾」開設
	木村熊二	弘化 2 ～昭和 2	京都		昌平黌入門、渡米、「小諸義塾」創立
	与良熊太郎	万延元～大正 15	与良	霞外	信濃教育に尽力、野沢中学校長
	正木直太郎	安政 3 ～昭和 9	上田	正行、黙笑	長野師範学校長、小諸小学校長
	星野喆之助	文久 2 ～昭和 12	荒町	香山	教員、私塾、小諸教育、郷土研究
	神津利三郎	明治 2 ～昭和 3	長土呂		小諸商工学校長、北佐久教育会長
	与良松三郎	明治 5 ～昭和 13	六供	雲居	ウラジオストック小学校長、名古屋新聞社長
	松本　深	明治 13 ～昭和 29	協和村		教員、後町小学校長、小諸町に居住
書家	小林桃蹊	文化 11 ～明治 15	美里	諄穂	美弥登里神社大宮司、米庵の高弟、書塾
	木俣曲水	明治 10 ～昭和 11	馬場町	波男、敬之	教員、女子美術学校等歴任、書道家
	荻原静馬	弘化 4 ～大正 14	森山	種吉、桃郷翁	俳句を葛古に学び、書を小室樵山に学ぶ
	山浦勝右衛門	宝暦元～文政 2	川辺	秀作	学問を好み書も精進する。寺小屋、書塾
狂歌	兄花庵偲世	寛政 6 ～天保 13	城下	宮島政義、千八	小諸藩士、狂歌を以て鳴る。和歌を伴友信に学ぶ。
	長子坊継成	天明元～嘉永 5	高遠	小島佐左衛門	小島家へ養子、狂歌に精進、奇行多し
事業	小山才兵衛	天正 2 ～承応 3	柏木	又四郎、吉正	浅間山麓の開拓、植林
	小山喜太夫	慶安 3 ～正徳 3	〃	又四郎、勝成	父祖（才兵衛）の継承、藤塚新田開発

近世近現代に小諸で育った人々とその子孫③

領域	氏名	生年・没年	生地	幼名・字・諱・号	経歴
事業	小林久左衛門	永禄12～	平原	重行	全真の二男、八満村、乗瀬新田開発
	柏木小右衛門	寛永2～貞享3	柏木		御影新田、用水開発
	黒沢嘉兵衛			吉重	小諸藩開拓奨励、八重原堰開田
	小山伴平	安政2～昭和12	荒町		御牧ヶ原開拓（明治27年）
	小山謙吾	文政11～明治29	与良	義智、天外	酒造業、植林、教育、県会議員
	星野彦助	文化2～文久2	荒町	潤水	江戸で穀商、文晁に師事、両替屋
	柳田茂十郎	天保4～明治32	〃		金物商、新規な商法で活躍、公共に尽力
	高橋平四郎	天保5～明治22	〃		製糸業の先駆者、万製糸創立、生糸輸出
	小山甚三郎	天保7～昭和4	〃		雑貨商（荒物、米穀、食塩）公共に尽力
	小山五左衛門	弘化元～明治43	与良	卯作、直温	中牛馬会社設立、公共事業に尽力
	小山久左衛門	文久2～大正7	荒町	邦太郎、正友	醬油醸造、製糸業、御牧ヶ原開発、公益に尽力
	福田敬業	文政元～明治27	八満	東吾、兵四郎半蔵	江戸で勉学、金沢藩士、日報社を創立。
	片井政治郎	安永元～天保13	〃	直旧	小諸藩鉄砲鍛冶、武道を好む。
	丸山権十郎	文化13～明治29	耳取	義房	小諸藩砲工鍛冶、地雷火
	吉沢五兵衛	寛政3～文久2	〃	佳近	胝門弟子、小諸藩鉄砲御用
	柳沢大六	嘉永元～昭和6	大久保		「風穴」を築き、蚕種貯蔵、向ヶ原開拓
	井出登一郎	元治元～大正15	鴇久保		県会議員、銀行支店長、渋沢栄一に師事
	清水清重	嘉永4～大正11	山浦		製糸業、郡会議員、田町に400釜の製糸場
	依田信一	明治19～昭和27	上の平		製糸業、南町に700釜の製糸場㋵
	小宮山荘助	明治2～昭和13	新町		鉄工所創業、鶴巻町開発、鉱泉開湯
	塩川伊一郎	弘化3～明治39	柏木		洋桃苺の栽培、缶詰製造工場創立
	田島喜兵衛	天明5～明治3	耳取		宮大工、信濃国分寺本堂（弘化年間）建立
	小山志免之助	文政4～明治33	中町		関東で行商（魚、生糸、麻）数百金の純利という。
	西野入謙三	天保7～大正8	羽毛山	五郎作、有終、曲川	名主、開拓係、小諸藩羽毛山千曲川堤防開発に尽力
	山浦真雄	文化元～明治7	赤岩	正雄、昇	小諸藩士の作刀、松代藩御刀鍛冶（弟清麿）
医術	林甫三	文化9～明治23	城下	金三郎、医仙通寿	藩侍医、江戸柴田芸庵師事種痘法提唱の祖
	加川謙助	～明治29	〃	隆礼、有方、桃園	白倉松軒に学び藩典医、明倫堂講師、私塾
	川口自仙	文化3～慶応元	〃	鶴松、昌蔵、蓼岳	藩典医、白倉松軒入門、杉田玄白入門種痘法提唱の祖
	佐野静十郎	文化7～明治14	〃	邦五郎、有定義徳	鈴木一庵に入門、藩侍医、種痘法提唱の祖
僧侶	慧頓	享禄3～慶長16	甲斐		小諸に宝仙寺（仙石氏）を開山したという。
	宗龍	～慶長8	加賀	真翁	小諸に花林院（松平氏）を開山したという。
	浄蓮	（室町期）	越前	治部之助	小諸に義蓮寺を開山（明応二年）という。
	雲峰	～宝暦11	城下	（長谷川）	小諸藩士、海応院住職詩文を学び書を細井広沢に学び、信濃広沢とよばれた。
	快天	～永正元			小諸に城就寺（大井光忠）を移した初代住職（長享元年）という。
	祐辨、祐観、瓏寛、祐海、観瓏、覚順				釈尊寺住職
	謙丈	文政8～大正2	上水内	（内山）	正眼院住職、小諸城黒門を移築する。
	日勢	～正保4			尊立寺を開山〈寛永八年〉したという。
	林鶴	～寛永9		古山	玄江院中興の祖、分院の大修繕をした。
	智龍	～大正15	更埴	（岩渕）	尊立寺住職、書塾を開く
	聞泰	～元和元		（康巌）	海応院住職（秀忠、上田攻めの際、和議を整える）
芸能	雷電為右衛門	明和4～文政8	大石	太郎吉（関）	江戸角力（浦風、谷風一門）の勇者。
	日向吉次郎	嘉永4～大正9	江戸	半之助	喜多流謡曲宗家から小諸へ移る。
	鈴木善人	天保元～明治32	江戸	善之助	本因坊入門、囲碁精進、小諸で碁教授。
	神津専三郎	嘉永4～明治30	芝生田	政広	東京で学問を学び、渡米、音楽の近代化を推める。
	小林貞吾	大正2～昭和19	諸		農民芸術を学び、彫刻家、戦病死。

近世近現代に小諸で育った人々とその子孫④

領域	氏　名	生年・没年	生地	号	経歴
政治	塩川幸太	元治元～昭和11	森山		衆院当選1回、佐久鉄道敷設、佐久銀行経営
	小山邦太郎	明治22～昭和56	荒町		衆院当選6回、参院当選3回、醤油味噌醸造、製糸業、小諸町長、初代小諸市長、産業育成
	小山亮	明治28～昭和48	与良町		父久之助、衆院当選4回、旭海運社長、社会党
	小林武治	明治32～昭和63	平原		静岡県知事、参院当選3回、厚相、郵政相、法相歴任。
社会運動	高橋くら子	明治40～昭和13	荒堀		食肉商の家に生れ、小諸女学校を卒業後、水平社運動の女性代表となる。
	朝倉重吉	明治21～昭和42	荒堀		長野県を代表する水平社運動の活動家、全国水平社中央委員。
芸術	小山敬三	明治30～昭和63	荒町		小山久左衛門の三子、小山邦太郎の弟、洋画家、"浅間山""白鷺城"など、文化勲章受賞
	小山周次	明治18～昭和43	与良町		水彩画家
	小林貞吾	大正2～昭和19	諸		農民美術研究所で学ぶ。木彫家
	内堀功	大正6～昭和53	乗瀬		彫刻家、日展委嘱審査員
	白鳥映雪	明治45～平成19	滝原		日本画家、日本芸術院賞、恩賜賞受賞
	土屋残星	明治22～大正8	西原		歌人、太田水穂に学ぶ。(平成19.6.15没)
教育	佐藤寅太郎	慶応2～昭和18	長土呂		小諸小学校長、小諸商工学校長(明治34～42年)、子どもに梅花の徽章をつけさせる。(梅花教育)信濃教育会長(7選)、衆院当選(1回)。岩村田中学校長
	小林直衛	没	平原		小諸小学校(昭和7、8年)長野県教育委員
	林勇	没	平原		小諸義塾で学ぶ。のち小諸小学校、小諸商工学校の教師になる、慶応幼稚舎長。「島崎藤村」、「小諸義塾」などの著書がある。
	松岡弘	没	南安		小諸小学校長(昭和9～昭和19)、信濃教育会長(昭和31～昭和52)
	高野禎吉	没	小諸		小諸西中学校長、県教育委員会主席管理主事、長野東部中学校長、浅間吟道会会長。
事業	掛川誠司	大正3～平成11	本町		株式会社つるや(スーパーマーケット)創業、東北中信24店を経営、小諸商工会議所会頭

小諸わが想い出

詩・永　六輔
曲・小林　亜星
歌・由紀さおり

みすずかる信濃の国の城下町
石垣の名残り雪　名も知らぬ野辺の花
草笛　風に消えて　みすずかる信濃の旅

みすずかる信濃の国の浅間山
すずたけを刈る人の　唄は小諸馬子唄
草笛　風を渡り　三筋立つ煙の山

みすずかる信濃の国の千曲川
川上に八ケ岳　川下に北の海
草笛　風が運び　水音に稚鮎の影

この詩は、防災行政無線で夕方の五時に流れている楽曲「小諸わが想い出」の詩です。この楽曲は、永六輔さんの作詩、小林亜星さんの作曲によるもので、終戦後、小諸で過ごした想い出から、小諸への恩返しにと平成十年に二人からプレゼントされたものです。その後、活用の場面がありませんでしたが、今回、市民の有志の皆さんからCD化の提案があり、検討していく中で、永さんと小林さんの力添えをいただき、歌手の由紀さおりさんに歌を歌っていただくことになりました。

(平成十八年六月「広報こもろ」より)

付録

小諸唱歌

小諸唱歌は、明治三十五年（一九〇二）頃に発行された冊子の中に誌されているもので、作歌　池田定一郎　作曲　長尾亥三太　共に小諸小学校の教師であった。
作歌の趣意は郷土誌の資料としたのかも知れない。町々の説明がある。七五調が流行した時代に。

（林　勇編著『浅間山と千曲川と小諸』より）

1、いざ友どち共々に
我町々をひがしより
西また、南、北のくま
散歩ながらに遶《めぐ》りみん

2、煙は高し浅間山
流は清し千曲川
この江山《こうざん》のあひにある
町は即ち小諸町

3、人口八千又五百
戸数は一千五百余戸
東西凡そ一里半
南北四十と五町あり

4、春は弥生の乙女町
真向《まむき》に見ゆるは山の前
諸山糠塚一里づか
其古事を繰矢川

5、今は松なき唐松も
ほのぼの明るく曙の
空飛ぶ鳥の三四五羽
又一入《ひとしお》の眺めなり

6、十一年の御巡幸
かたじけなくも御車を
とゞめ給ひし御あとの
記念の宮は中ほどぞ

7、忽ち来る荒堀の
南は小原区朝煙り
たてる人家は百ばかり
分教場も置かれたり

8、向ふ彼方は蛇堀川
川は名に負ふ蛇堀川
大蛇のほりしと伝ふるは
昔の人の言の葉ぞ

9、橋を渡れば与良の町
行きかふ人もいと繁《しげ》く
軒を並べし商店に
土地の繁華ぞ知られける

10、左に行けば神明社
右に大日小路あり
町の半《なかば》に長勝寺
その横側は熊野路《みち》

11、つゞく荒町本通り
左に下れば赤坂の
一二三番数《かず》町の
数へておかん後のため

12、元来《き》し町へ出てくれば
め手は八幡小路なり
八幡神社の祭典は
毎年九月一日ぞ

13、熊野の森は伊邪那美《いざなみ》の
神を祀れる町社なり
夏は涼しき木下蔭《きしたかげ》
暑さを避くる人多し

14、北に見ゆるは太郎山
麓の家は五六十
松井、軽石、東沢
皆山里の眺めよし

15、再び出づる町通り
かなたにあるは全宗寺
六十三の銀行は
下りて左の方にあり

16、右は山路細小路《ほそこうじ》
深く入りなば紺屋町
往き来の人の足しげき
北山里の通りぞや

17、商家の並ぶその奥に
海応院や宗心寺
堂宇《どうう》は高く庭広く
樹木は多く池清し

18、小諸郵便電信の
局の前をばはや過ぎて
行けば左は停車場《ステーション》
相生町の通りなり

19、荒町出でゝ右見れば
浄土宗なる光岳寺
二つの門を前にして
棟高々と聳えたり

20、寺のひだりは成田山
梅や桜は滝つぼに
散り込む春の花吹雪
又なつかしの風情かな

21、博愛館はすぐ前ぞ
いざや登りて眺めなん
遠き山々近き川
村里までも一目なり

22、こゝを立出で本町に
向へば町は真直に
軒を並べし商業家《あきんどや》
入り来る人の賑はしや

23、少し進みて小路あり
六供の町のいと長く
上りつめれば成就寺
一本桜の名は高し

24、手前にあるは第二号
純水館の製糸場
機械の音をよそにして
元来し道に帰り来ぬ

25、小諸銀行右にみて
下れば町のなかばなる
左に立てし里程標
何処に距離を明かぞ

26、足を早めて四辻に
進む向ふは警察署
鯱《しゃちほこ》　高く厳めしく
電話線も架せられぬ

27、右は中町左には
昔のまゝの瓦門
大手の口に休らひて
いざや道をばかへてみん

28、北に下れば菜の花の
咲きて床《ゆか》しき田町裏
菱野薬師や大里の
金比羅山には程近し

29、うぐひすうたう法華経
寺は実大、尊立寺《そんりゅうじ》
健速神社は森高く
彼方に見ゆるは託応寺

30、戻りて出づる中町の
向ふの角には養蓮寺
前は裏町長通り
製油会社もありときく

31、横町通る弓手には
石垣高々松が枝の
風にむせぶ古の
鍋蓋城の跡ぞかし

32、みぎに曲りて市町の
半《なかば》に来れば橋の下
おどろおどろと鳴りひゞく
汽車は煙を吐きて行く

33、目先にあるは閻魔堂
今はい何処《づこ》にうつしけん
桃に桜に咲き匂ふ
稲荷の園とはなりにけり

34、清き流にさす影の
柳町をば左に見
行けば中沢橋凄く
谷底深くうす暗し

35、入るや新町東口
こゝは人家も右のみか
片側町と人は呼ぶ
下れば町も平なり

36、左右に並ぶ商店は
西の端なる繁華ぞや
いざ憩《いこ》はなんあの社
ひるも食べなんあの木陰

37、青木の社にぬかつきて
かたひの石に友どちと
しばし疲れをやすらひて
又共々に立出でん

38、水をさかまく栃木川
橋を渡りて五六町
左に行けば手城塚
稲荷の神の社あり

39、昔武将の城の跡
四方の眺も広やかに
春のあしたは花によく
秋の夕は月によし

40、あれに見ゆるは富士見坂
鶯の名所の花川も
紅葉に名高き布引も
袂《たもと》のなかのものにこそ

41、秋の夜ならば聞きてこん
この塚山の西にある
古来名を得し押出しの
池の水ぎはの虫の音を

42、いざや帰りは友どちよ
別なる道をとるとせん
大やな下りて九十九折《つづらおり》
坂を下りて足柄町

43、右は大平松ばやし
樋の下へは出ずして
杉の木立の切通し
行く先々は士族地よ

44、太鼓櫓も雲岨《くもがけ》の
馬場も跡なし汽車の道
沿うて来れば三の門
左にあるは頌徳碑《しょうとくひ》

45、柳の下に苔むせる
石は古《いにしえ》秀忠が
憩ひし跡の記念とて
今に伝へて残りけり

46、懐古園は牧野侯
世々の居城の跡にして
社は天神荒神の
二神を合せ祀りたり

47、雪か霞かはた雲か
園に満たる桜花
旧士はこれを断腸の
花と昔を偲ぶらん

48、園内何処も樹は多く
四季の眺めを備ふれば
訪《と》ひ来る人の絶間なし
こゝをば出でて右に行く

49、耳取町の入口に
小諸義塾は建てられぬ
隣にならぶ学習舎
共に学びの園なるぞ

50、南に下りて新道を
行けば中棚鉱泉場
見上る山は袴腰《はかまごし》
下は五里淵《ごりぶち》水蒼し

51、こゝをば後へひきかへし
木立は傘か時雨坂
上れば高し七軒町
しめかけ山は右にあり

52、藩侯代々の墓所
訪《とひ》なふものは松の風
前に見ゆるは下川原
駒形坂は道嶮し

53、馬場町通り出てくれば
こゝは賑ふ停車場
車の響き笛の声
人の乗り下りいと繁く

54、通運会社や中牛馬
高く樹てたる旗印
共に競うて戦はす
貨物の運搬いと忙し

55、踏切り行きて筒井町
倉庫会社は北にあり
五軒町をば右にして
鹿嶋神社の前に出づ

56、武御雷《たけいかづち》の命をば
斉《きよ》き祀れる郷社なり
右に輝く白壁は
登記役場の建物ぞ

57、馬場裏町を登りたる
南にあるは町役場
機業会社も音高く
国家の富を織り出しぬ

58、友なおくれそ松井川
橋を渡れば袋町
小山の如き建築は
町立小諸小学校

59、教への庭に生ひしげる
一千百余の撫子は
朝よりとくに愛らしく
咲ける姿のけなげやな

60、こゝの前なる製糸場
純水館は烟突《えんとつ》の
上る煙と名も高く
海外までも聞えたり

61、これにて町を一巡《ひとめぐ》り
すませばしばし傍《かたわら》の
木の根に憩ひ此の土地の
重なる産物数へみん

62、繭に生糸に織物
氷豆腐に甘露梅
その名を薫る松茸や
世に名物の信濃そば

63、豆類麦類酒醤油
味噌に素麺《そうめん》種あぶら
川魚類は鮎と鯉
はやとかじかの数々ぞ

64、人数と戸数は誇らねど
誇る名高き商業地
振ひはげみてこの町の
繁華を互にはげむべし

65、折しも春の夕日影
散りくる花を照らすなり
いざ分れんよ友どちよ
いざ帰らん吾家に

ふるさと　臼田亜浪の句

ふるさとは懐かしい
　ふるさとのうからやから！
ふるさとの山、浅間！
　ふるさとの川、千曲！
ふるさとは懐かしい

浅間ゆ富士へ春暁の流れ雲
　雲散るや千曲の川音立ち来る

（『浅間山と千曲川と小諸』より）

煙は高し浅間山

流れは清し千曲川（小諸大橋）

小諸馬子唄

〽小諸出て見りゃ
浅間の山に
けさも三筋の
煙立つ
〽小諸出抜けて
からまつ行けば
松の露やら涙やら

懐古園の正門　三の門

〽このお城は
めでたいお城
つると亀とが　イヨ舞遊ぶ

〽小室通れば馬子衆の唄に
鹿《か》の子ふり袖
着て奈《な》れそ

〽さても見事や
お葛籠《つづら》馬よ　馬子の小唄に
イヨ小室節

懐古神社

小諸宿問屋場（右）
四頭追の馬子（左）

あとがき

〝勘助の縄張り築く小諸城
　愛でる穴城群遊の園〟

〝浅間峯の小諸の街の誇りなり
　勘助築く穴城の址〟

〝小諸の歩究めひもどく齢老いて
　日日に新たにまた新にと〟

この小諸藩物語は多くの資料を簡潔明快に表現し、しかも実証的に書き誌したものである。

領主や家臣の善政や苛政を治世の歩みの中で知り、また圧制の中でたくましく生き抜いた領民の姿を、政治・経済・社会・文化など多面的な角度から、考え、知ってほしいと願うものである。その中で、かわらざる人間の生き方、生きる哲学を学んでほしいと期待する昨今である。

今に活かし今後に資し、後世に伝えていく「温故而知新」の役割が果せれば望外の悦びである。

ローカルと全国を結ぶ藩物語の今後の発展を祈りながら、本書出版にあたり、叙述や絵図など細かいところまで気配りしていただいた現代書館菊地泰博氏をはじめ、スタッフの方々に謝意を表します。

そうした工夫が、本書に出会う方々のお役に立てれば、幸いである。

平成十九丙戌年七月吉日

塩川　友衛

参考文献

参考文献
小諸市誌　歴史篇（一）
〃　〃　（二）
〃　〃　（三）
〃　近代篇
〃　小諸城城郭絵図
小諸　小諸温故
小諸砂石鈔　小諸藩記録
小諸温故雑記　安田義定とその滴流
日本史辞典・日本史年表
吾妻鏡　延喜式・日本史総覧
四隣譚藪　長野県史
千曲之真砂　小諸市誌　自然篇
寛政重修諸家譜
仙石家譜　小諸藩主牧野氏年譜
北佐久郡誌　殿様御成向日記
信濃の歩み　長野県の歴史
勝山記　柏木家文書
妙法寺記　小林七左家文書
甲陽軍鑑　岩村町誌
信濃雑誌　管令記
芦田記　永享記
信州人物誌　建武年間記
懐古神社誌　復元大系・日本の城・3
私立小諸義塾　糠塚集　四編
高原城下町小諸　糠塚集姓氏録
文学碑めぐり　与良区誌
小諸時代の島崎藤村　後鑑日記帳

佐久の文学碑　朝鮮人参耕作記
島崎藤村と小諸　小詩社寺攷写
江戸時代の小諸藩
小諸荒町と和合会の歩み
信州小諸城下町と北国街道小諸宿
復刻　小諸繁昌記
小諸学校沿革誌
梅花教育の歩み
諸国道中商人鑑
町見大全
小諸北佐久医師会史
北御牧村の歴史

塩川友衛（しおかわ・ともえ）
大正十五年十二月二日　長野県小諸市に生まれる
長野県教育委員会指導主事・中学校長・小学校長などを経て、現在、小諸市文化財審議委員、北国街道の手をつなぐ会副会長、小諸の歴史を学ぶ会講師
著書に『江戸時代の小諸藩』、『信州小諸城下町と北国街道小諸宿』など。

シリーズ藩物語　**小諸藩**

二〇〇七年八月十五日　第一版第一刷発行

著者――塩川友衛
発行所――株式会社　現代書館
東京都千代田区飯田橋三―二―五　郵便番号１０２―００７２
電話０３―３２２１―１３２１　ＦＡＸ０３―３２６２―５９０６　振替００１２０―３―８３７２５
発行者――菊地泰博
組版――エディマン
装丁――中山銀士＋杉山健慈
印刷――平河工業社（本文）東光印刷所（カバー、表紙、見返し、帯）
製本――越後堂製本
編集協力――原島康晴
校正協力――岩田純子＋鴇崎信夫

日本音楽著作権協会（出）許諾第0709374-701
 ISBN978-4-7684-7109-8

江戸末期の各藩

松前、八戸、七戸、黒石、弘前、**盛岡**、**一関**、秋田、亀田、本荘、秋田新田、仙台、松山、**新庄**、庄内、天童、長瀞、山形、上山、**米沢**、米沢新田、相馬、福島、二本松、三春、**会津**、守山、棚倉、平、湯長谷、泉、村上、黒川、三日市、新発田、村松、三根山、与板、**長岡**、椎谷、高田、糸魚川、松岡、笠間、宍戸、水戸、下館、結城、古河、下妻、府中、土浦、麻生、谷田部、牛久、大田原、黒羽、烏山、高徳、喜連川、宇都宮、壬生、吹上、足利、佐野、関宿、高岡、佐倉、小見川、多古、一宮、生実、鶴牧、久留里、大多喜、請西、飯野、佐貫、勝山、館山、岩槻、忍、岡部、川越、沼田、前橋、伊勢崎、館林、高崎、吉井、小幡、安中、七日市、飯山、須坂、松代、上田、**小諸**、岩村田、田野口、**松本**、諏訪、**高遠**、飯田、金沢、荻野山中、小田原、沼津、小島、田中、掛川、相良、横須賀、浜松、富山、加賀、大聖寺、郡上、高富、苗木、岩村、加納、大垣、高須、今尾、犬山、挙母、岡崎、西大平、西尾、吉田、田原、大垣新田、尾張、刈谷、西端、長島、桑名、神戸、菰野、亀山、津、久居、鳥羽、宮川、彦根、大溝、山上、西大路、三上、膳所、水口、丸岡、勝山、大野、福井、鯖江、敦賀、小浜、淀、新宮、田辺、紀州、峯山、宮津、田辺、綾部、山家、園部、亀山、福知山、柳生、柳本、芝村、郡山、小泉、櫛羅、高取、高槻、麻田、丹南、狭山、岸和田、伯太、豊岡、出石、柏原、篠山、尼崎、三田、三草、明石、小野、姫路、林田、安志、龍野、山崎、三日月、赤穂、鳥取、若桜、鹿野、津山、勝山、新見、岡山、庭瀬、足守、岡田、岡山新田、浅尾、松山、鴨方、福山、広島、広島新田、高松、丸亀、多度津、西条、小松、今治、松山、新谷、大洲、吉田、宇和島、徳島、土佐、土佐新田、松江、広瀬、母里、浜田、津和野、岩国、徳山、長州、長府、清末、小倉、小倉新田、福岡、秋月、久留米、柳河、三池、蓮池、唐津、佐賀、小城、鹿島、大村、島原、平戸、平戸新田、中津、杵築、日出、府内、臼杵、佐伯、森、岡、熊本、熊本新田、宇土、人吉、延岡、高鍋、佐土原、飫肥、薩摩、対馬、五島

★太字は既刊

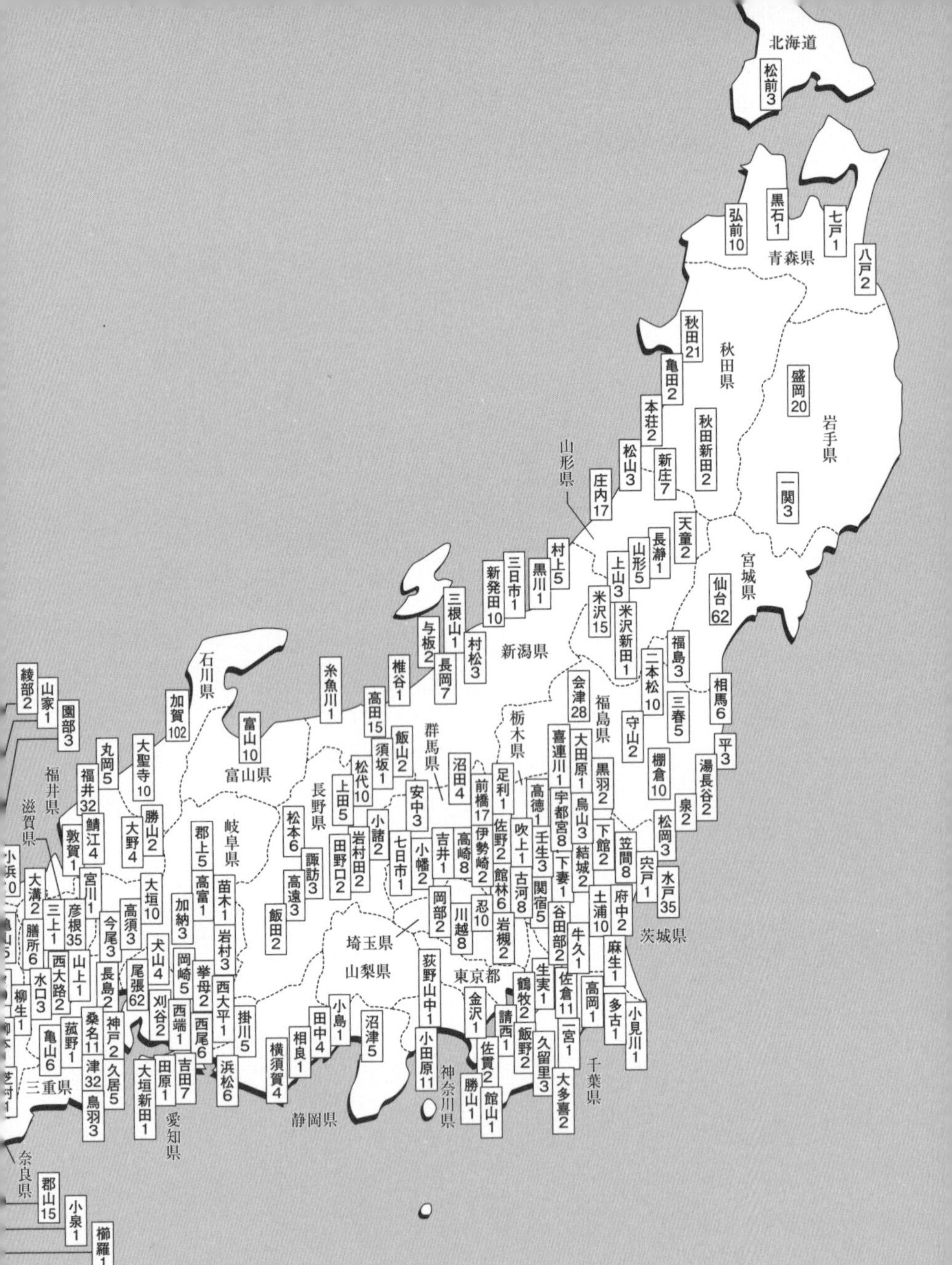

江戸末期の各藩
（数字は万石。万石以下は四捨五入）